Alexander Ziegler

Regiomontanus, (Joh. Müller aus Königsberg in Franken)

Ein geistiger Vorläufer des Columbus

Alexander Ziegler

Regiomontanus, (Joh. Müller aus Königsberg in Franken)
Ein geistiger Vorläufer des Columbus

ISBN/EAN: 9783743633971

Hergestellt in Europa, USA, Kanada, Australien, Japan

Cover: Foto ©ninafisch / pixelio.de

Weitere Bücher finden Sie auf **www.hansebooks.com**

Regiomontanus,

(Joh. Müller aus Königsberg in Franken)

ein

geistiger Vorläufer des Columbus.

Von

Alexander Ziegler.

Dresden.

Carl Höckner.

1874.

Herrn

Dr. Breusing,

Director der Steuermannsschule in Bremen

ein Zeichen

seiner Hochachtung.

Ruhla,
1. März 1874.

Alexander Ziegler.

Es ist gewiß von weltgeschichtlichem Interesse, daß mitten im Binnenlande Deutschlands, fern von den Küsten des Meeres, ein großer deutscher Mann das Licht der Welt erblickt hat, der als Reformator der Sternkunde und Mathematik um die Entwickelung der nautischen Astronomie und der damit in engster Verbindung stehenden oceanischen Schifffahrt die größten Verdienste gehabt hat. Dieser große deutsche Mann nannte sich Regiomontanus. Durch seine spätere Uebersiedelung nach Nürnberg ist dieser Stadt die große Ehre vindicirt worden, daß die nautische Astronomie ihre größten wissenschaftlichen Fortschritte Nürnberger Astronomen verdankt und wenn durch ihn und Bernhard Walther, einen Schüler des Regiomontanus, das Studium der Astronomie und Mathematik zuerst an Nürnberg gefesselt wurde, so knüpfte der berühmte Nürnberger Seefahrer Martin Behaim — auch ein Schüler des Regiomontanus — das Band zwischen der Sternkunde der Deutschen und der Nautik der Spanier und Portugiesen.

Zur Lösung der uns gestellten Aufgabe wollen wir zunächst eine gedrängte Lebensskizze des Regiomontanus vorausschicken, hierauf seinen Aufenthalt in Nürnberg in Bezug auf die von ihm dort geschaffenen Werke und verfertigten astronomischen Instrumente mit Beifügung der später entstandenen Regiomontanus-Literatur näher in das Auge fassen, sodann auf seine großen Verdienste in Bezug auf die griechische Literatur, die Astronomie, Mathematik, Mechanik und die Verbesserung des Kalenders hinweisen und schließlich, auf die Verdienste des Regiomontanus um die epochemachenden geographischen Entdeckungen seines Jahrhunderts übergehend, den Beweis zu führen suchen, daß Regiomontanus durch seine Verbesserung des Astrolabiums mit der stereographischen Horizontalprojection, sowie durch seine Erfindung des Jakobsstabes, welche beide Instrumente von Martin Behaim in die portugiesische Marine eingeführt wurden, — vornehmlich aber durch seine zuerst in Nürnberg erschienenen, auf 32 Jahre, von 1474 bis 1506 berechneten „Ephemeriden", die Columbus am Bord gehabt, die Küstenschifffahrt in eine Seeschifffahrt umgewandelt hat und somit in erster Linie als einer der geistigen Entdecker Amerikas, als ein Vorläufer des Columbus zu betrachten ist.

In der kleinen Stadt Königsberg in Unterfranken wurde am 6. Juni 1436 Johannes Müller, der später so berühmt gewordene Astronom und Mathematiker, geboren, der unter dem Beinamen Regiomontanus, d. i. der Königsberger, in der ganzen gelehrten Welt bekannt ist. Johannes Müller nannte sich nach seiner

Vaterstadt Regiomontanus, auch de monte Regio, Joannes de Regiomonte, öfter auch Hans de Kungsberg, Königsberg, Kunisperger, Germanus oder Francus, mitunter, wie v. Murr angibt, auch Miller oder Molitor, weil sein Vater, der auch Johannes Müller geheißen, ein Müller in dem nahe gelegenen Dörfchen Unfind gewesen sein soll, welchen Ort v. Murr als die eigentliche Geburtsstätte des berühmten Astronomen betrachtet wissen will. Nach anderen Schriftstellern soll Regiomontanus in Königshoven in Franken, nach Anderen wieder, z. B. nach Starovolsci, der sich durch den lateinischen Namen täuschen läßt, sogar in Königsberg in Preußen geboren sein. Die Widerlegung dieser Ansichten ist nicht nöthig; denn Regiomontanus ist, wie gründliche Untersuchungen mit Bestimmtheit ergeben haben, in Königsberg bei Haßfurt in Unter-Franken geboren. Diese Stadt mit ungefähr Eintausend Einwohnern, wohl die kleinste unter den zahlreichen Städten gleichen Namens in Preußen, Hessen, Böhmen, Ungarn u. s. w., mit dem Schloß desselben Namens, früher ein Besitzthum der alten Grafschaft Henneberg, liegt in dem von königl. bayerischem Gebiet umschlossenen, nur neun Ortschaften enthaltenden Amtsbezirk Königsberg, der seit 1400 schon an das Haus Sachsen gefallen, durch Vertrag vom 12. November 1826 an das herzogliche Haus Sachsen-Coburg-Gotha übergegangen ist. Das ursprüngliche Geburtshaus des Regiomontanus wird in Königsberg noch mit

Stolz gezeigt und die Erinnerung an denselben daselbst durch eine Regiomontanus-Schule, durch ein im Jahre 1871 gegründetes würdiges Denkmal*) und durch einen unter dem Namen „Vinum Regiomontanum" gezogenen Wein wachgerufen.

Schon im zwölften Jahre seines Lebens vollkommen reif und fähig zum Besuch der Universität, verließ Regiomontanus seine Vaterstadt, studirte in Leipzig Philosophie, Mathematik und Astronomie (nicht Theologie) und begab sich in seinem 15. Jahre, also im Jahre 1451, nach Wien, wo er ein Schüler des im 28. Lebensjahre stehenden Georg Peurbach oder Purbach wurde, der seinen berühmten Namen nach der Sitte der damaligen Zeit von dem in Oesterreich ob der Ens nahe der bayerisch-österreichischen Grenze gelegenen Orte Purbach, wo er am 30. Mai 1423 geboren wurde, angenommen. Peurbach, dessen Name, sowie der seines großen Schülers Regiomontanus, mit dem Andenken der Wiederherstellung der Wissenschaften verflochten ist, hat zuerst Regiomontanus eine Idee von der „Theorie der Planeten" gegeben, um ihn auf das Studium des Ptolemäus vorzubereiten und ließ ihn später auch mancherlei geometrische und astronomische Aufgaben lösen; auch hat er später wahrscheinlich viele Beobachtungen mit ihm angestellt, von denen jedoch nur drei Mondfinsterniß-Beobachtungen erhalten sind,

---

*) s. Abbild. Illustr. Zeitung, 25. Nov. 1871.

(vergl. Willebr. Snellius: coeli et siderum in eo errantium observat. Hassiacae. Lugd. 1618 p. 12 et 14).

Im Uebrigen ist Peurbach schon 1440 in Wien Magister der freien Künste und der Weltweisheit geworden und hat unter Andern den ersten Grund zur Wiener Universitätsbibliothek gelegt, indem er seiner Fakultät alle seine Bücher und Instrumente schenkte. In den Jahren 1448—1450 unternahm Peurbach eine Reise nach Italien, erfreute sich in Rom des Umganges des gelehrten Cardinals von Cusa, hielt in Padua und Ferrara auf Anregung Blanchinus' oder Bianchini's öffentliche Vorträge über die Sternkunde, wurde später, wenn auch vergeblich, vom König Ladislaus von Ungarn mit einem ansehnlichen Jahresgehalt zu der Stelle eines Hofastronomen berufen und ist, kaum 38 Jahre alt, als eine Zierde der Hochschule in Wien, als einer der größten Astronomen und Lehrer der Sternkunde in dem Jahre 1461 in Wien gestorben. Den größten Ruhm hat sich Peurbach als Verfasser der Theoricae Planetarum erworben, welches Werk beinahe ein Jahrhundert die Hauptquelle des astronomischen Studiums geblieben ist. Ob Peurbach ein Schüler des bekannten Astronomen und Mathematikers Johann von Gemünden*), am Traunsee

---

* Johannes de Gmunden oder de Gemunde (Johann oder Hans von Gemünd in Schwaben) — sein Familienname ist Nyder — soll viele vortreffliche Schüler in der Astronomie gebildet haben, deren Namen — mit Ausnahme von Georg Pruner aus Ruspach — jedoch nicht auf uns gekommen sind. Ob Peurbach sein Schüler ge-

gebürtig, gewesen, ist nicht nachzuweisen, wenn auch beide vielleicht zu gleicher Zeit in Wien gelebt haben.

Durch seinen Lehrer Peurbach lernte Regiomontanus den berühmten 1395 zu Trapezunt geborenen Griechen, den als päpstlichen Legaten an den kaiserlichen Hof geschickten Cardinal Bessarion, einen der Wiedererwecker des Studiums der griechischen Literatur in Europa kennen, auf dessen Anregung und Einladung er nach dem Tode Peurbachs nach Italien resp. Rom ging. Daselbst studirte Regiomontanus die griechische Sprache mit dem größten Eifer, sammelte viele Manuscripte, vollendete die von Peurbach angefangene Uebersetzung des Almagest des Ptolemäus, übersetzte die Werke mehrerer griechischer Mathematiker wie die des Apollonios Conicos, Serenos Cylindrica u. A. und lernte den Sprachenkenner Georg von Trapezunt kennen, der gerade damals mit einer lateinischen Uebersetzung des Ptolemäus und dessen Commentators Theon beschäftigt war. Nach der Abreise des Cardinals Bessarion begab sich Regiomontanus (von Rom?) nach Ferrara. Hier lernte er den fast 90-

---

wesen, dürfte sehr zweifelhaft sein. Das Geburtsjahr von Johannes ist nicht bekannt, wahrscheinlich fällt es um 1380. Soviel ist aber gewiß, daß er i. J. 1406 in Wien Magister der freien Künste und der Philosophie wurde und seit der Zeit Astronomie lehrte. Er starb den 23. Febr. 1442. Von seinen Schriften ist keine einzige durch den Druck bekannt geworden, bis auf einen gedruckten Kalender in lateinischer Sprache (s. Stern in der Encyklopädie von Ersch und Gruber. Zweite Section unter: Johannes de Gmunden.

jährigen Astronomen Bianchini oder Joh. Blanchinus kennen, hielt dann in Padua astronomische Vorlesungen, wobei er den Afraganus zu Grunde legte und beendigte im Kloster St. Georg in Venedig, wo er fast ein Jahr verweilte, seine wichtige Schrift de Doctrina Triangulorum oder de triangulis i. J. 1463.

In Folge dieses Hauptwerkes der mathematischen Literatur wird Regiomontanus als der Urheber der Trigonometrie betrachtet, wenn ihm dieses Verdienst auch der Italiener Formaleoni in seinem „Saggio sulla Nautica antica de Veneziani 1783" jedoch ohne hinreichenden Grund hat absprechen wollen. Die von Regiomontanus in Venedig ausgebildete Trigonometrie war jedenfalls ein Werk, das zuerst die Bahn brach, auf der diese Wissenschaft allmälig zu ihrer heutigen Höhe gelangt ist. Regiomontanus war jedenfalls in Deutschland der Erste, der sich mit Eifer auf das Studium und die Verbesserung der völlig vernachlässigten Algebra legte; man kann ihn aber auch den tiefsinnigen Begründer resp. Vervollkommner der Trigonometrie nennen, der namentlich die Lehre von den Tangenten ausgebildet hat*) Auch hat er die arabischen Zahlzeichen eingeführt und das Decimalsystem vervollständigt. Im Frühling 1464 ging

---

*) Regiomontanus a depuis, d'après le gnomon de Purbach fait une table de tangentes pour tous les dégrés du quart de cercle. Il l'appelle Table feconde; cependant il n'en fait guère d'autre usage que celui de calculer le sinus de la diffé-

Regiomontanus (vergl. Doppelmayr hist. Nachr. S. 4), da
er den Bessarion in Venedig nicht erwarten konnte, wieder=
um nach Padua und dann nach Rom, brachte noch mehrere
Jahre in Italien zu und kehrte zuletzt um 1468 in Folge
großer Streitigkeiten, die zwischen ihm und dem Georg von
Trapezunt sowie dessen Söhnen in Folge der von Regio=
montanus nachgewiesenen fehlerhaften Uebersetzung des
Ptolemäischen Almagest und dessen Commentators Theon
ausgebrochen waren, schleunigst nach Wien zurück.

Wie eifrig sich Regiomontanus während seines Auf=
enthaltes in Italien mit der griechischen Sprache beschäf=
tigt und welche bedeutende Fortschritte er gemacht haben
muß, geht daraus evident hervor, daß er, der früher
wegen seiner Unkenntniß der griechischen Sprache die noch
nicht übersetzten Schriften des Diophantes, Apollonius
und Anderer nicht lesen, ja den Archimedes nur nach
der von Jacob von Cremona gelieferten Erläuterung
studiren konnte, nicht nur mit ausgezeichneten Kennern
der griechischen Sprache, wie Bessarion, Theodorus von
Gaza, Guarini u. A., in innige Berührung gekommen
ist, sondern auch den Ptolemäus und Theon in der Ur=
sprache kennen gelernt, zahlreiche griechische Codices ge=
sammelt und mit eigener Hand abgeschrieben u. A. auch

rence ascensionelle. La Table féconde de Regiomontan a été
etendue par Reinhold à toutes les minutes du quart de cercle.
Rheticus l'a étendue à toutes les dixaines de secondes.
Histoire de l'astronomie du moyen age
par M. Delambre. Paris 1819 p. 284.

ein griechisches Testament, den schon von Peurbach angefangenen und fast bis zur Hälfte gebrachten Auszug aus dem Ptolemäus vollendet, griechische Verse gemacht und eine gründliche Widerlegung der vermeintlichen Quadratur des Cirkels, die der Cardinal von Cusa in seiner Schrift: tractatus de quadratura circuli gefunden haben wollte, veröffentlicht hat. Diese Abhandlung des Regiomontanus: „de Quadratura circuli" i. J. 1463 war Toscanelli gewidmet. Auch mit Georg von Trapezunt, dessen Uebersetzungen des Ptolemäus und Theon er einer strengen Kritik unterwarf, gerieth Regiomontanus, wie bemerkt, in Rom in unangenehme Streitigkeiten und Zänkereien, die ihn wohl zunächst veranlaßten, Italien den Rücken zu kehren.

Nach siebenjährigem Aufenthalt in Italien kehrte daher Regiomontanus mit vielen Handschriften und literarischen Schätzen versehen nach Wien zurück und verwaltete daselbst bis zum Jahr 1468 sein Amt als Professor der Mathematik und Astronomie, das ihm schon nach Peurbachs Tode übertragen worden war. Im Jahre 1468 wurde Regiomontanus an den Hof des geistreichen Matthias Corvinus, des Freundes und Beförderers mathematischer Studien, nach Ungarn berufen, um von den überall in Griechenland zusammengekauften Handschriften eine Bibliothek in Ofen anzulegen. In dem Zeitraum von zwei Jahren hatte er sich dieser Aufgabe nicht nur zur Zufriedenheit des Königs entledigt und dafür ein Ehrenkleid, 800 Gulden und die Verheißung eines Gehaltes auf Lebenszeit erhalten, sondern auch, wie Doppelmayr angibt, die Tabulae primi mobilis für den König, die verbesserten Tabulae Directionum perfectionumque (astrologischen Inhalts), sowie ein und zwanzig Problemata über das Torquetum für den Erzbischof von Gran ausgearbeitet. Der böhmischen Unruhen wegen, in welche schon nach wenigen Jahren sein königlicher Freund und Gönner, der kriegerische Matthias Corvinus mit Podiebrad von Böhmen verwickelt wurde, verließ Regiomontanus Ungarn und erkor sich — nicht, wie es allgemein heißt, im Frühjahre, sondern im Herbste 1471 — Nürnberg zum Aufenthalt. Die dem Meister Johann von Königsberg, Astronomo, gegebene Erlaubniß, in Nürnberg zu bleiben, datirt wenigstens vom Freitag den 29. November 1471.

Nach einem fast vierjährigen Aufenthalt in Nürnberg, auf den wir sogleich ausführlicher zurückkommen werden, war das Aufsehen, welches die in Nürnberg publizirten Ephemeriden gleich nach ihrem Erscheinen erregten, so groß, daß Regiomontanus durch Papst Sixtus IV. das Bisthum von Regensburg übertragen und er somit zum Bischof von Regensburg ernannt, zugleich aber durch ein eigenhändiges Schreiben des Papstes beauftragt wurde, vor Uebernahme des Amtes nach Rom zu kommen, um dort eine Reform des Kalenders zu begründen resp. auszuführen. Im Juli des Jahres 1475 — die letzte von ihm in Nürnberg angestellte Beobachtung datirt vom 28. Juli 1475 — verließ Regiomontanus Nürnberg, reiste nach Italien und starb, kaum 40 Jahre alt, am 6. Juli 1476 an der Pest, oder der Sage nach durch griechisches Gift, welches ihm die Söhne des Georg von Trapezunt für die Beschimpfung ihres Vaters, in dessen Uebersetzungen Regiomontanus grobe Fehler aufgedeckt, beigebracht hätten. Sein Leichnam wurde in der Todtenhalle des Pantheon des Marcus Agrippa beigesetzt, wo ich aber, beiläufig gesagt, sein Grab bei meiner öfteren Anwesenheit in Rom nicht habe auffinden können.

Dies sind in Kurzem und Wesentlichem die wenigen biographischen Nachrichten über unseren berühmten Landsmann, die ich aus den verschiedensten Quellen zusammen zu stellen im Stande gewesen bin. Die Ernennung zum Bischof von Regensburg ist wohl nur als eine äußere Ehrenbezeugung zu betrachten, da Regiomontanus, soviel man weiß, Theologie nicht studirt hat und wenn dies der Fall gewesen, gewiß auch von ihm theologische Schriften bekannt geworden wären. Auch scheint Regiomontanus unverheirathet gewesen zu sein und keinerlei Nachkommen zurückgelassen zu haben. Gewiß ist es beklagenswerth, daß wir über die näheren Lebensumstände, besonders über die Jugendzeit eines Mannes nicht mehr wissen, welcher der Menschheit Wahrheiten enthüllte, die, so lange es eine erdgeborene Menschheit geben wird, die wichtigsten und erhabensten aller Wahrheiten bleiben werden.

Werfen wir jetzt, bevor wir auf die Verdienste des Regiomontanus um die epochemachenden geographischen Entdeckungen seines Jahrhunderts übergehen, noch einen Blick auf die interessanteste und wichtigste Periode in seinem Leben und Wirken, auf seinen mehrjährigen Aufenthalt in Nürnberg (1471—1475), wohin er von Ungarn übergesiedelt war, „da dort — wie er seinem Freunde, dem berühmten Philosophen und Mathematiker Christian Roder in Erfurt i. J. 1471 schrieb — nicht nur die Instrumente, besonders die astronomischen, worauf die ganze Sternkunde beruht, bequem eingerichtet sind, sondern auch von dort aus mit Leichtigkeit nach allen Seiten Verbindungen mit der ganzen gelehrten Welt unterhalten werden können, denn jenen Ort darf man wegen der Reisen der Kaufleute gewissermaßen als den **Mittelpunkt Europas** ansehen" (Nuperrime Norimbergam mihi delegi domum perpetuam, tum propter commoditatem instrumentorum maxime astronomicorum, quibus tota sideralis innititur disciplina, tum propter universalem conversationem facilius habendam cum studiosis viris abicunque vitam degentibus, quod locus ille perinde quasi centrum Europae propter excursum mercatorum habeatur").

Und in der That war Nürnberg damals der vermittelnde Hauptpunkt des Handels und Verkehrs zwischen Italien und Deutschland und umfaßte in seinen Mauern viele ausgezeichnete Männer, Künstler, Mathematiker, Mechaniker, mit deren Hülfe Regiomontanus, dem selbst ein großes Talent zu mechanischen Künsten zu Gebote stand, die damals gebräuchlichen astronomischen Instrumente genauer herstellen, verbessern und neu anfertigen konnte. Als Regiomontanus im Herbste des Jahres 1471 — in dem Geburtsjahre Albrecht Dürers — sich in Nürnberg niederließ und mit ihm, wie Gassendi sagt, alle Musen durch Nürnbergs Thore einzogen, konnte diese Stadt, deren glänzendste Zeit von der Mitte des 15. Jahrhunderts an beginnend bis in die Mitte des 16. Jahrhunderts währt, damals durch den Gewerbfleiß ihrer Bewohner, durch ihre Anstalten für Wissenschaft und Kunst und den Zusammenfluß von Gelehrten und Künstlern als die Metropole deutscher Bildung und deutschen Kunstfleißes angesehen werden. Kunst und Handwerk, wissenschaftlich reger Trieb zur Forschung und gewerblich praktisches Leben hatten sich hier inniger als in irgend einer andern Stadt verschmolzen. In Erfindungen und gewerblichen Unternehmungen übertraf Nürnberg alle anderen Städte.*)

*) So wurde u. A. im Jahre 1356 schon Geschütz und Pulver von einem gewissen Meister Sanger verkauft und i. J. 1390 zu St. Johannes Tag zu Sunnwenden von Ullmann Stromer, Rathsherr und Chronikschreiber, eine Papiermühle auf der Glaißmühle (Hadermühle) erbaut. Ja es war die Papierfabrikation schon 1390 (s. Stromerbüchlein Bl. 102 lt. Hegel, Chronik I p. 77) in großartigem Maßstabe eingeführt. Durch die Familie Holbein war von Ravensburg aus diese Industrie über ganz Süddeutschland ausgebreitet worden (vergl. Osc. Hase: Die Koburger S. 28). Ferner erfand

Es würde zu weit führen, wenn man hier alle jene ausgezeichneten Männer, z. B. Maler Michael Wohlgemuth, Lehrer Albrecht Dürers (geb. 1434, gest. 1519), Rothschmied und Bildgießer Peter Vischer (gest. 1529), Verfertiger des berühmten Sebaldusgrabes, Bildhauer Adam Kraft (geb. 1430 zu Ulm, gest. 1507 im Spital zu Schwabach), Verfertiger des Sakramentshäusleins in der St. Lorenzkirche, Holzbildner und Bildschnitzer Veit Stoß (geboren in Nürnberg 1447, gestorben daselbst 1553), Verfertiger des englischen Grußes in der St. Lorenzkirche, Hans Sachs (geb. 1494, gest. 1576), „Schuhmacher und Poet dazu", welcher dritthalbhundert Meistersänger um sich versammelte u. v. A. oder Nürnbergs Glockengießer (Meister Conrad und Andreas, gest. 1472 und 1480), Stückgießer (Sebald Behaim, der Stückgießer ließ auf seine Kosten durch Johann Werner die Elemente des Euklid ins Teutsche übersetzen, damit seine Söhne mehr als er selber ihre Kunst aus festen, mathematischen Gründen verstehen und betreiben lernen möchten), Erz- und Kunstgießer (Pankraz Labenwolf, gest. 1563, ein würdiger Mitmeister Peter Vischers), Baumeister, Orgelbauer (Burkhard und Conrad Rotenburger), Kunstschreiner

---

u. A. im Jahre 1440 der Bürger Rudolph das Drahtziehen und Hans Lobsinger i. J. 1560 die Windbüchse. Im Jahre 1482 gab es bereits Brillenmacher, 1517 ward das erste Feuersteinschloß hier gefertigt und 1520 schoß man schon nach der Scheibe. Im Jahre 1621 wurden sogar von Johann Putz und Leonhardt Oßwaldt Hinterladungsgewehre gefertigt.

(Meister Sebald Beck), Kunstschlosser (Casp. Werner), Uhrmacher und Mechaniker (Hans Bullmann, Erfinder der Planetenuhr, gest. 1533, Peter Hele oder richtiger Henlein, Erfinder der Taschenuhren, der sog. Nürnberger Eier, und viele andere Gewerbskünstler*) nennen wollte, welche die Gewerbe nur an der Hand der Wissenschaft und Kunst auszubilden suchten. Die anregende Wirksamkeit Regiomontanus' beschränkte sich während seines Aufenthaltes in Nürnberg freilich nicht nur auf die Gebiete der Astronomie und Mathematik, sondern erstreckte sich auch auf die Künste und damals noch eng mit denselben verbundenen Gewerbe, auf Mechanik und Maschinenwesen, ja sogar auf die sogenannten schönen Künste, u. A. auf die Tonkünstler, von denen sich viele durch technisches Geschick im Verfertigen und Erfinden musikalischer Instrumente, z. B. Hans Menschel, der Posaunenmacher, Hans Hayden, der Erfinder des Geigen-Clavicymbels u. A. auszeichneten, wie dies Dr. G. H. Schubert in seiner geistreichen

---

*) Außer Neudörffer's Nachrichten von Nürnbergischen Künstlern (herausgegeben von Campe und in einer leider nicht vollständigen Bearbeitung mit reichhaltigen Noten von Joseph Heller in Beiträgen zur Kunst- und Literatur-Geschichte. Nürnberg. Riegel u. Wießner 1822); Will's Nürnbergisches Gelehrten-Lexikon, 8 Thl. in 4.; ferner Will's Münzbelustigungen, 4 Thl. in 4.; Doppelmayr's Schrift von den Nürnbergischen Mathematikern und Künstlern in Folio ist über Kunst und Literatur in Nürnberg das Neueste: Jos. Baader's Beiträge. Nördlingen 1860 und 1861 und Priem, Joh. Paul: Geschichte der Stadt Nürnberg von dem ersten urkundlichen Nachweis ihres Bestehens bis auf die neueste Zeit. 2 Bd. in 12 Lief. Nürnberg, Zeisers Buchh. 1873.

Schrift (Peurbach) und Regiomontanus ꝛc.) vortrefflich nach=
gewiesen. Von Regiomontanus, dessen rastloser reichbe=
gabter Geist dem Kunstfleiß einer ganzen Stadt einen
neuen Impuls ertheilen konnte, datirt der hohe Ruhm,
den Nürnberg unter allen deutschen Städten in Künsten
und Wissenschaften genießt und den noch jetzt Reisende
aus allen Weltgegenden in den Denkmälern der altehr=
würdigen Noris bewundern.

Wir müssen uns hier zu unserem Zweck begnügen
mehr die astronomischen und mathematischen Verdienste
Regiomontanus' ins Auge zu fassen und darauf hinzuweisen,
daß Regiomontanus in Nürnberg eine bis dahin noch
niemals in Deutschland in solchem Grade vorgekommene
Liebe zur Mathematik und Astronomie hervorrief, daß
Nürnberg nach dem Zeugniß von Erasmus Reinhold noch
später die meisten berühmten Akademien übertraf. „Nach
einer wohlverbürgten Ueberlieferung," sagt Schubert in
seiner obengenannten Schrift, „hat Regiomontanus, aufge=
fordert hierzu von dem edlen Magistrat der Stadt, in
Nürnberg öffentliche Vorlesungen über Mathematik und
Astronomie gehalten, die ersten dieser Art, in solchem
Sinne und zu solchem Zwecke." In Hinblick auf diese
großartige mannigfache Thätigkeit Regiomontanus', aus
der eine neue Periode für die mathematischen Wissen=
schaften in Deutschland hervorging und in Hinblick auf
die in Nürnberg vorhandene Tüchtigkeit im bürgerlichen
Geschäft war es Regiomontanus vergönnt, nach seinem

Tode nicht nur astronomische und mathematische Werke und Instrumente, sondern auch andere geistige Schöpfungen zurückzulassen, die ihn als einen großen Wohlthäter darstellen.

Zu diesen geistigen Schöpfungen gehört u. A. die große Schule der mathematischen Wissenschaften, die zu Lebzeiten des Regiomontanus entstanden, lange nach seinem Tode fortgeblüht hat und der eine große Anzahl ausgezeichneter Männer beigezählt werden können, die sich mehr oder minder um die verschiedenen Zweige der Astronomie, Mathematik, Arithmetik, Geometrie, Optik u. s. w. verdient gemacht haben. Von den hauptsächlichsten Repräsentanten dieser Schule mögen hier u. A. genannt werden: Bernhard Walther, der Freund und Schüler Regiomontanus' (geb. 1430, gest. 1504), der seinen Lehrer um 30 Jahre überlebte und der, wenn er auch nicht den vielseitigen Geist und die mannigfaltigen Kenntnisse des Regiomontanus besaß, doch ohne Widerrede der ausgezeichnetste astronomische Beobachter seines Zeitalters und nach Regiomontanus Tod das Haupt und Orakel der damaligen Astronomen war*); Martin Behaim, um 1459 in Nürnberg geboren und zwar im Hause S. 17 am Markt, dicht beim Walther'schen Wohnhause, einer der gelehrtesten Mathematiker und Astronomen seines Jahrhunderts, berühmter Seefahrer und portugiesischer Kosmograph, auch ein Schüler des Regiomontanus, gestorben

---

*) E. F. Apelt: Die Reformation der Sternkunde. S. 55.

in Lissabon 1506; Johann Werner (geb. 1468, gest. 1528), ein guter Himmelsbeobachter und vorzüglicher Geometer, der u. A. über die Kegelabschnitte und nach Anleitung seines Freundes Stabius in Wien über die horizontale stereographische Projection schrieb und 1514 schon den Gebrauch der Mond=Distanzen anempfahl; Hartmann Schedel (geb. 1440 zu Nürnberg, gest. 1514) practizirte in seiner Vaterstadt, nachdem er in Padua 1466 die Doctorwürde erworben, als geachteter Arzt und lag historischen und antiquarischen Studien ob, von denen seine mehrmals in lateinischer und deutscher Sprache gedruckte Chronik Zeugniß ablegt; Johann Schoner (geb. 1477 zu Karlstadt in Franken, gest. 1547 in Nürn=berg), Lehrer der Mathematik in Nürnberg, schrieb ein zu seiner Zeit sehr geschätztes Lehrbuch der Astrologie, gab Regiomontanus' hinterlassene Schriften heraus, ver=öffentlichte die Beobachtungen Bernhard Walthers durch den Druck 1544 und verfaßte das Opusculum geographicum, für die Geschichte der Entwickelung der geo=graphischen Kenntnisse jetzt noch merkwürdig, als eine Abspiegelung des kosmographischen, die neue Erweiterung der Erdkunde noch mit der alten Geographie des Ptole=mäus verbindenden Systems; Conrad Heinfogel (1470 bis 1530), Mathematiker in Nürnberg, unterstützte Joh. Werner bei Herausgabe einiger geographischer Werke und entwarf nach den Vorschriften des Stabius eine Stern=karte, für welche Albrecht Dürer die Figuren zeichnete;

Thomas Venatorius (Gechauf oder Jäger, 1490—1551), Schoners Schüler und Herausgeber der Werke des Archimedes; der Vicarius an der Sebaldustirche Georg Hartmann (geb. 1489 zu Eckoltsheim im Bambergischen, gest. 1564 in Nürnberg), berühmter mechanischer Künstler, ein originelles mechanisches Talent, der Astrolabium, Quadranten, Compasse, Sonnenuhren, Erd- und Himmelsgloben verfertigte, sich besonders mit dem Studium der Gnomonik und Perspective beschäftigte und zuerst die Abweichung der Magnetnadel wenigstens wissenschaftlich nachgewiesen hat, 1538 die Declination der damals in Nürnberg 10° 15′ gegen Morgen abweichenden Magnetnadel entdeckte und später auch die Inclination der Nadel fand; Joh. Prätorius, der Erfinder des Meßtisches; Hieronymus und Paulus Reinmann (Compaßmacher); Peter Apianus (Bienewitz) aus Leisnig in Sachsen, der 1520 die erste Landkarte mit dem Namen Amerika herausgab, lehrte an der Universität zu Ingolstadt die mathematischen Wissenschaften, Verfasser des merkwürdig prachtvoll und kunstvoll ausgestatteten „Astronomicum Caesareum", Schützling Karls V. und unter den deutschen Sternkundigen der einzige, der mit dem Kaiser in persönlicher Verbindung stand; Conrad Dr. Tockler (geb. in Nürnberg 1470, gest. in Leipzig 1530); Joh. Cochläus (geb. 1479, gest. 1532); Erhard Schön (geb. 1485); August Hirschvogel geb. 1492; Erhard Etzlaub (geb. 1492, gest. 1506), Compaßmacher und Mathematiker, Verfertiger einer Karte von Deutschland; Johann Neudorfer der Aeltere (geb. 1497); Joachim Camerarius (geb. 1500); der Goldschmied, Mechaniker und Mathematiker Wenzel Jamitzer (geb. 1508, gest. 1586); Andreas Ossiander (gest. 1552); Joh. Stabius zeichnete die Sonnenuhr an der Lorenzerkirche; Joachim Heller (gest. 1590); J. G. Voltamer machte zuerst in den Jahren 1677—1680 die Entdeckung, daß die Abweichung der Magnetnadel jetzt nicht mehr — wie zu Hartmanns Zeiten — nach Osten, sondern nach Westen ging und zwar bereits um 5 Grad von der Mittagslinie weg; Andreas Schoner, Sturm, J. Bapt. Homann, Begründer der vormals blühenden Landkartensammlung, gest. 1724; Joh. Philipp Wurzelbaur, einer ehemaligen Rothgießerfamilie entsprossen, schrieb Uraniae Noricae, errichtete eine achteckige Sternwarte im Rosenthal am Spitzenberg in dem Hause, in dem sich gegenwärtig die Pianoforte-Handlung von Fuchs und Nestmann befindet, gest. 1725; Georg Christoph Eimmart, ein geborener Regensburger, aber seit seinem 22. Jahre (1660) in Nürnberg wohnhaft, stellte 1677 mit Erlaubniß des Raths astronomische Instrumente auf und arbeitete auch vielfältig mit Wurzelbaur gemeinsam; A. Joh. Gabriel Doppelmayr, Tobias Mayer u. v. A.

Wir können diese Liste nicht schließen, ohne die Namen Willibald Pirkheimer und Albrecht Dürer zu nennen. Wie Regiomontanus als der Reformator der Astronomie und Mathematik, so ist Albrecht Dürer als der Reformator der deutschen Malerschule zu betrachten. Nicht blos Maler in allen technischen Weisen, sondern auch Zeichner, Kupferstecher, Aetzer in Zinn und Eisen, Graveur, Architekt, Dichter und Schriftsteller, hat Dürer sich auch mittelbar um die Astronomie Verdienste erworben, indem er eine Sternkarte, wozu ihm der ältere Heinfogel und Stabius das Material gegeben, auf das trefflichste gezeichnet und in Holz geschnitten hat. Das, was Pirkheimer (geb. 1470 in Eichstädt, gest. 1530), der große Rechtsgelehrte, Staatsmann, Rathsherr, Theologe, Geschichtsschreiber, Philolog, Uebersetzer der Werke von Römern und Griechen, Erwecker der humanistischen Studien, Kenner der Münzen, der Kunst, Dichter, ausgezeichneter Redner, die Seele der damaligen echt deutschen Gelehrtenrepublik und einer der einflußreichsten Männer im Zeitalter der Reformation, zur Beförderung der mathematischen Wissenschaften gethan hat, ist nicht sowohl in seinen eigenen Leistungen, als vielmehr in dem anregenden Einfluß zu suchen, den er durch Unterstützung und Anregung auf die Mathematiker seiner Umgebung ausgeübt hat. So gab, wie oben bemerkt, Thomas Venatorius auf seinen Antrieb die Werke des Archimedes aus der Pirkheimerischen Bibliothek heraus.

Die Unordnung, in welche der Kalender und die Zeitrechnung gerathen war, das Bedürfniß der sich ausdehnenden Schifffahrt und der Hang zur Astrologie waren dem Studium der Astronomie besonders günstig und die mathematischen Wissenschaften standen zu Anfang des 16. Jahrhunderts noch in höherem Ansehen als zu Ende desselben. Die ersten Theologen und Philologen Teutschlands: Philipp Melanchthon und Joachim Camerarius waren mit Eifer und besonderer Vorliebe der Mathematik und Astrologie ergeben, die, wie aus dem Vorhergehenden hervorgeht, vornehmlich in Nürnberg in hohem Ansehen standen, wie auch Melanchthon an Hieron. Baumgärtner wörtlich schreibt: Genius urbis vestrae hoc nomine venerandus est omnibus doctis, quod iis disciplinis, quae Mathematicae vocantur, adeo favet, ut nusquam majora sint rerum studia, quam in urbe vestra, et ingenia ad eas artes aptissima apud vos nascantur etc. Aus all' dem Gesagten geht hervor, daß die mathematischen Studien in Nürnberg in großer Blüthe standen („in ea urbe studia mathematum magna cum laude floruerunt." Melanchth.) und daß der Same dazu, wie Erasmus Reinh. in Orat. de vita Regiom. bemerkt, von Regiomontanus zuerst mit Erfolg ausgestreut wurde („hujus doctrinae semina primum Noribergae sparsa sunt"). Es ist, wie schon oben erwähnt, in der That ein merkwürdiger Umstand, daß die nautische Astronomie ihre größten wissenschaftlichen Fortschritte Nürnberger Astronomen verdankt und daß aus den kunstreichen Werkstätten Nürnbergs den iberischen Seefahrern die besten nautischen Instrumente geliefert wurden. Auch mag hier nicht unerwähnt bleiben, wie

Apelt bemerkt, daß, als die Staaten von Spanien, Holland und England hohe Preise aussetzten, das Problem der Meereslänge wissenschaftlich zu lösen, der letzte obengenannte mathematische Sprößling Nürnbergs, Tobias Mayer, durch die mühsame Berechnung der dazu erforderlichen Mondtafeln einen Theil des englischen Preises verdiente.

Die Anfertigung von mathematischen und astronomischen Instrumenten lag Regiomontanus — wie aus dem an den Mathematiker Ch. Roder in Erfurt i. J. 1471 gerichteten Brief schlagend hervorgeht — bei seiner Uebersiedelung nach Nürnberg zunächst am Herzen, dann aber auch, wie der von Doppelmayr u. A. publizirte Index operum („haec opera fient in oppido Nuremberga Germaniae ductu Jo. de Monteregio 1473") und die in den Lexicis und Bibliographien von Rotermund, Michaud, Ersch und Gruber u. A. von Delambre, Stern veröffentlichten Listen und Verzeichnisse der in Nürnberg gedruckten Regiomontanischen Werke beweisen, der Druck seiner in Italien und Ungarn (Ofen) gesammelten Schätze des Alterthums und seiner eigenen Werke. Diese von vielen Schriftstellern aufgestellte Ansicht bewegt uns, einen näheren Blick auf die während der Anwesenheit Regiomontanus' in Nürnberg von ihm in Druck erschienenen Werke und dann auf die damals in Nürnberg bestehenden Druckereien um so mehr zu werfen, als vielfach behauptet wird, daß „diesen Heros der Mathematiker vor Allem die Druckerei des Antonius Koburger, die damals ansehnlichste in ganz Deutschland, nach Nürnberg gezogen, ja, daß die Manuscripte Regiomontans mit ihren Tafeln und astronomischen Zeichen von der Beschaffenheit gewesen, daß ihr Druck selbst die Kräfte von Koburgers Druckerei überstiegen hätte" (s. Apelt S. 42), daß daher auf Bernhard Walthers Kosten eine eigene Druckerwerkstätte errichtet worden, für die Regiomontanus einen ganz neuen Apparat angegeben und durch dessen Erfindung er sich ein gerechtes Verdienst um die Verbesserung der Buchdruckerkunst erworben hätte, so daß Petrus Ramus, in seinen Scholis mathematicis p. 64 keinen Anstand genommen, ihn als einen Miterfinder (?) dieser Kunst zu nennen.

Das Vollständigste und Zuverlässigste über die Regiomontanus-Literatur findet man, wie bemerkt, in der Fortsetzung und Ergänzung zu Chr. Gottl. Jöchers Gelehrten-Lexikon von H. W. Rotermund Bd. 6 p. 1551 bis 1559, Bremen 1819, woselbst 19 Werke angeführt werden; ferner in der „Bibliographie Universelle ancien et modern XXIX (Michaud)", wo Delambre 17 Werke anzeigt, und in der „Allg. Encyklopädie der Wissenschaften und Künste von J. S. Ersch und J. G. Gruber. Zweite Section. Leipzig 1843", wo Stern unter der Rubrik: „Johannes de monte regio" 24 in Druck erschienene Schriften des Regiomontanus sehr eingehend bespricht. Wenn wir hierzu noch die Angaben

Doppelmayrs, Schoners, Wills, v. Murrs, Panzers u. A., sowie vornehmlich die Kataloge von Roeder 1742 („Catalogus librorum qui saeculo XV. a. c. n. Norimbergae impressi sunt collectus et conscriptus a Jo. Pavillo Roedero. G. Ae. Rect.") und von Weidler („Jo. Friederici Weidleri Bibliographia Astronomica temporis, quo libri vel compositi vel editi sunt. Wittenbergae 1755") rechnen, welcher letztere 21 aus der Presse des Regiomontanus in Nürnberg hervorgegangene Werke angibt, so dürften die betr. Quellen ziemlich erschöpft und aus dem vorliegenden Material annähernd der beste Ueberblick zu gewinnen sein. Sehen wir zunächst zu, welche Werke des Regiomontanus wirklich in Nürnberg gedruckt worden sind.

Nach den ebenangeführten Quellen sind ohne Zweifel folgende Werke des Regiomontanus während seiner Anwesenheit in Nürnberg (1471—1476) gedruckt worden:

1) Theoricae novae planetarum Ge. Purbachii cum figurationibus opportunis in oppido Nurinberga Germaniae ductu Jo. de Monteregio. Erschien 1472 oder 1473 (s. Jöchers Gel.=Lex.). Diese von Regiomontanus seinem Lehrer Peurbach zu Ehren herausgegebene Schrift wird auch von Roeder in seinem Katalog mit dem Zusatz ductu Joannis de Monteregio aber ohne Jahreszahl angegeben. Delambre, Weidler und Stern erwähnen diese Schrift nicht.

2) Manilii astronomicon ex officina Jo. de Regiomonte habitantis in Nuremberga oppido Germanie celebratissimo. Ohne Druckjahr, vermuthlich 1472 oder 1473 in 4. (f. Jöchers Gel.=Lex.). Diese Schrift wird auch von Roeder und Weidler ohne Jahreszahl angegeben, von dem erstgenannten mit dem Zusatz: ex officina de monte regio in Nuremberg. Delambre und Stern führen diese Schrift nicht an.

3) Ephemerides, quas vulgo vocant Almanach ad triginta duos annos futuros. Norimb. ductu Jo. de Monteregio in 4. 1473 (f. Jöchers Gel.=Lex.). Von Roeder und Weidler ohne Jahreszahl, von Delambre unter dem Titel angegeben: Joannis Regiomontani Ephemerides astronomicae ab anno 1475 ad annum 1506. Nuremberg in 4°. Auch von Stern unter diesem Titel mit der Hinweisung angeführt, daß die erste Ausgabe zu Nürnberg 1475 in 4° erschienen und höchst selten zu sein scheine. Weidler (hist. astron. p. 316) beschreibt ein Exemplar aus der Bibliothek der Wittenberger Akademie, der Titel fehlt, am Ende stehen die Worte explicitum est hoc opus anno Chr. Dn. 1474. ductu Joannis de Monteregio. Ich vermuthe aus dieser Nachschrift, daß es ein Exemplar der ersten Ausgabe ist, da auch die erste Ausgabe des Kalenders dieselbe Nachschrift hat. Eine zweite Ausgabe erschien zu Venedig 1498 in 4°. Kästner beschreibt sie (a. a. O. S. 542) ausführlich. Die Göttinger Bibliothek besitzt

zwei Exemplare dieser Ausgabe." Nach Panzer's Nürnb. Buchdruckergesch. p. 166 sind Ephemerides coelestes 1474. 4. aus der eigenen Druckerei des Regiomontanus hervorgegangen und soll sich auch ein Exemplar der Ephemeriden auf der Nürnberger Bibliothek befinden, was aber nicht der Fall ist. Spätere Ausgaben der Ephemeriden sind erschienen u. A. 1476 in Venedig, 1484 ebendaselbst per Erh. Ratdolt, Ephemerides ab an. 1492—1504. Venet. 1492. 4., Ephemerides accuratissime calculate. Sequitur tabula regionum. Prognostica in compendium redacta. Venet. 1492 impensis et arte Vinc. Benalli in 4., ferner Ephemerides ab an. 1474 ad an. 1506 am Ende 31. Dec. 1506. 4. Ohne Jahr und Ort; Jo. de Monteregio -- in Ephemerides aut diurnales commentarium. Steht in Almanach nova plurimis annis venturis inserventia. Per Jo. Stoefflerum Justingensem et Jac. Pflaumen, Ulmensem etc. Am Ende Petr. Lichtenstein die 3. Jan. 1506. Venet. in 4. ib. 1507. ib. 1513. 4. Ferner ist erschienen: Jo. de Monte Regio: german. decoris etatis nostre astronorum principis Ephemerides: am Ende Fol. 8. b. explicitum est hoc opus 1484. 2. Non. April. — Venet. in 4. per Erh. Ratdolt und: Jo. de monte regio germanorum decoris. etatis nostre astronomorum principis Ephemerides in 4. Ohne Jahr und Ort. Ist im Leipz. A. L. A. 1798 num. LIV. Col.

553—556 beschrieben. Ueber Ephemeriden s. später Näheres.

4) Nach Jöchers Gelehrt.-Lexikon sind folgende Kalender erschienen:

a) Calendarium latinum Jo. de Monteregio 1473. 4.

b) Der teutsche Kalender von Joh. v. Kungsperg 1473. 4. Er ist noch mit in Holz geschnittenen ganzen Tafeln gedruckt.

c) Der teutsche Kalender von Joh. v. Küngsperg 1473. 4. Mit beweglichen Tafeln gedruckt.

d) Joh. von Könsperg Kalender 1475. 4.

e) Calendarium novum ad an. 1476. 4. Venet. 1476. Fol. c. Fig. 1482. 83. 84. 85. in 4. Die Schrift Reg.'s: De reformatione calendarii erschien Venedig 1484.

f) Calendarium. Venet. 1476. Fol. c. Fig. Scheint von der vorigen verschieden zu sein.

g) Il Calendario di Giov. Regio Montano. Venet. 1476 gr. 4.

h) Der teutsche Kalender von Joh. v. Köngsperg v. Jahr 1476 in 4.

i) Das Büchlein behende, du billich lernen sollt. Und es achten für edelgestein, silber und golt. Kalendarius geheissen zu latein. Das hat gemacht meister Hans von Königsperg genannt. In teutschen und welschen Landen wohl erkannt, zu Venedig gedrückt mit hübscher vernunft und funden. Als die noch genanten meister wohl fünden (1478) Bernhart. maler Erhart ratdolt von Augsburg. Fol. Ist ein genauer Abdruck des teutschen Kalenders vom Jahr 1473.

k) Almanach magistri Jo. de Monte Regio ad annos XVIII accuratissime calculata. Erh. Ratd. Augusten — industria et mira imprimendi arte: qua nuper Veneciis: nunc Auguste vindelic. — tercio ydus Sept. 1488. 4.

l) Calendarium. Venet. 1489. 4. Maittaire gibt den Titel an: Jo Regiom. de reformatione Calendarii.

m) Kalendarium Meister Joh. Kunisperger (1489) in 8. Augsburg von Erh. Ratdolt. Ist wahrscheinlich einerlei Ausgabe mit Kalender meister Joh. Kunisperger. Ausgb. von Meister Erh. Ratdolt 1489. 4.

n) Kalender Augsb. von Erh. Ratdolt 1496. 4.

o) Ein kalender mitt sinem niuwen und stunden us — Joh. kunspergers practic und sunst vil subtiler sachen mit viel figuren als man am nächsten Blatt lütrer meldung findet. Zürich 1508. 4.

p) Kalendarius teutsch. Das Büchlein behend du billich lernen sollt (Und es achten für edelgestein, silber und golt) Kalendarius gehaißen zu latein — von den 12 Zeichen und 36 pildern des Himmels. Augsb. 1512. 4.

q) Kalendarius teutsch u. s. w. Augsb. 1514. 4.

r) Kalendarius teutsch u. s. w. Augsb. 1518. 4.

Ist wahrscheinlich einerlei mit Kalendarius c. f. Augsb. 1518. 4.

s) Königsperger Kalendarius der 7 Planeten, 12 Zeichen und 36 Himmelsbilder, erschienen zu Straßburg i. J. 1535.

Zu dieser dem gen. Gelehrt.=Lex. vornehmlich ent= nommenen Kalender=Literatur (bei der auffallend ist, daß kein Kalender als in Nürnberg erschienen angegeben wird und daß der erste Kalender des Regiomontanus schon 1473 ohne Angabe des Druckortes erschienen sein soll) muß hier bemerkt werden, daß allerdings Roeder: Regiomontani Kalendarium novum etc. Nurembergae ductu Joannis de Monteregio 4. erwähnt und daß Panzer als **Producte aus Regiomontani Presse noch zwei deutsche Kalender** mit der Hinweisung anführt, daß diese ungemein große Seltenheiten Roedern unbekannt ge= blieben seien.

Nach Sterns Angabe in der Allg. Encyklop. von Ersch und Gruber erschien Kalendarium novum, welcher Kalender in dem Index der aus Regiomontanus Buch= druckerei hervorgegangenen als fertig angezeigt wird, zu erst in Nürnberg 1475 in 4. und zwar, wie Schwarz (a. a. O. S. 63) nachweist, zu gleicher Zeit deutsch und lateinisch. Am Ende des Lateinischen stehen die Worte: ductu Joannis de monte regio, am Ende des Deutschen: M. Johan von Königsperg. Exemplare dieser Ausgabe, sowohl der deutschen als der lateinischen, sind äußerst selten. Das deutsche Exemplar, welches Murr besaß, kam später an die Mannheimer Bibliothek (De Murr not. tr. codd. p. 20 u. Vgl. auch Murr Memorab. bibl. Norimb. T. I. p. 321).

„Der Kalender," sagt Stern, „ist ursprünglich für die Jahre 1475, 1494, 1513 bestimmt, die um 19 Jahre, also einen ganzen Cyklus von einander abstehen und dient vermöge seiner Einrichtung für alle Jahre von 1475 bis 1532. Nachgedruckt wurde dieser Kalender und zwar wieder deutsch und lateinisch von Erhard Ratdolt 1496. Die Göttinger Bibliothek besitzt einen solchen Kalender in deutscher Sprache... Regiomontan's Kalender ist jedenfalls der erste, der in Europa gedruckt worden ist, wenn es auch schon früher andere geschriebene gab und er hat lange als Muster gedient, so daß auch die späteren Kalender, die über das Jahr 1531 hinausgehen, doch noch nach Regiomontans Namen genannt werden.*)

---

*) Der 1474 sowohl in Nürnberg als in Venedig in Folio erschienene Kalender ist übrigens ein xylographisches Kunstwerk, eines der geschätztesten antiquarischen Kleinodien, welches gegenwärtig nur noch in 5 Exemplaren (wo?) vorhanden und bei seinem Erscheinen mit zwölf ungarischen Goldgulden bezahlt worden sein soll. — Der Kalender ist das nothwendigste aller Bücher und das Bedürfniß, die Zeit in gewisse Perioden einzutheilen, mußte sehr früh gefühlt werden. Schon das Jahr der Egypter war ein in Beziehung auf die Jahreszeiten bewegliches mit dem Mondlauf in keinem Zusammenhang stehendes Sonnenjahr von 365 Tagen, getheilt in 12 Monate von 30 Tagen, denen noch fünf Ergänzungstage folgten. Auch das Jahr

Auch Delambre beschreibt Kalendarium novum. Nuremberg 1476 in 4°, den von Erh. Ratdolt 1499 herausgegebenen lateinischen Kalender, der den Titel führt: Kalendarium magistri Joannis de Monte Regio viri peritissimi. Der nach Stern 1485 (?) in Venedig erschienene und von Kästner (s. Gesch. d. Math. Bd. 2 S. 537 ff.) beschriebene lateinische Kalender befindet sich ebenfalls auf der Göttinger Bibliothek.

5) Dialogus contra Gerh. Cremonensis in Planetarum theoricas deliramenta. Nor. 1475. Fol. Vgl. literär. Wochenbl. 18. St. S. 266—279 (s. Jöchers Gel.-Lex.). Nach Delambre ist diese Schrift unter dem Titel Disputationes contra etc. in Nürnberg 1474 und später in Venedig erschienen. Stehen in Jo. de Sacro Busto opusculum Sphaericum Impr. (Venet.) Erh. Ratdolt 2. Nov. Jul. 1484. 4. ibid. 1485.

---

der Juden, Griechen u. A. bestand schon in den ältesten Zeiten, wie noch gegenwärtig bei den Juden, aus 12 Mondmonaten. Von Julius Cäsar wurde 46 v. Chr. der nach ihm sog. Julianische Kalender eingeführt, nach welchem das Jahr in der Regel 365 Tage aufweist, jedes vierte Jahr aber einen Tag mehr erhält. Diese auch von den Christen ohne Aenderung angenommene Julianische Einschaltungsmethode ist über 1600 Jahre beibehalten worden, bis Papst Gregor XIII. im Auftrage des Tridentiner Conciliams eine genauere einführte, die unter dem Namen des Gregorianischen Kalenders bekannt ist. Der Julianische Kalender ist nur von den Russen und überhaupt von den Bekennern der nicht unirten griech. Kirche beibehalten worden, weshalb sie hinter der übrigen Welt (seit 1800) um 12 Tage zurückgeblieben sind, die sich 1900 auf 13, 2100 auf 14 Tage vermehren werden.

Venet. 1488. 90. 91. in 4. in Sphaerae tract. Jo. de Sacrobusto. Venet. 1531. Fol. Auch nach Stern ist diese Schrift unter dem Titel: Disputationes contra etc. in Nürnberg 1474 und spätere Ausgaben in Venedig 1496, Fol., dann Basil 1543 und Norimb. 1530 unter dem Titel: In Ptolemaei magnam constructionem, quam Almagestum vocant, libri tredecim conscripti a Joanne Regiomontano erschienen. Die Nürnberger Stadtbibliothek besitzt (?) ein Exemplar der ersten Ausgabe. Die tabula fecunda muß Regiomontanus bei Ausarbeitung dieser Schrift noch nicht gekannt haben, wie Delambre (hist. de l'astr. du moyen âge p. 285) bemerkt.

6) Jo. Regiomontani Index operum, der eigentliche Titel ist: haec opera fient in oppido Nuremberga Germaniae ductu Jo. de Monteregio 1473. Fol. pat. Auf der ersten Columne sind die Schriften anderer, auf der zweiten seine eigenen angezeigt, die er herausgeben wollte. Dieser Index findet sich u. A. auch in Doppelmayr hist. Nachricht von den Nürnbergischen Mathematicis S. 23 und in Panzers „Annales Typograph." Vol. II p. 233 abgedruckt. Regiomontanus veröffentlichte diesen Katalog von vielen anderen noch von ihm zu erwartenden mathematischen Werken und fuhr, wenn sich auch viele der Gelehrten, denen dieser Katalog zur Begutachtung vorgelegt worden, ungünstig darüber ausgesprochen, mit dem Drucken weiter fort.

Nach dem Tode des Regiomontanus, bemerkt Doppelmayr S. 12, sind die mehrsten in seinem herausgegebenen Katalog angezeigten Werke zum Vorschein gekommen, wie eben dieser Katalog bewiese, der von Regiomontanus in zwei Theile gesondert sei. Der erste Theil gibt die Titel von 20 Werken an, meist Werke verschiedener übersetzter oder verbesserter alten Mathematiker. Der zweite Theil weist 22 Nummern auf und gibt von denjenigen Werken Nachricht, welche Regiomontanus bei seinem unermüdlichen Fleiß ausgefertigt und auch aus der Walther'schen Druckerei, nachdem er sowohl seine Ephemeriden als einen Kalender, vermöge solcher allbereit befördert, zu ediren im Sinn gehabt.

7) Tabulae directionum, Nor. 1475. Fol. Venet. 1524. Fol. Tübing. 1554. Witteb. 1606. 4. Andere Ausgaben erschienen (s. Jöchers Gel.-Lex.) Venedig 1485. 4; ferner Tabulae directionum profectionumque in nativitatibus multum utiles. Aug. Vind. 4. Non. Jan. 1494. Fol.; eine andere Ausgabe Excud. Ulr. Morhard, Tübingae 1530. 4., in Nürnberg ohne Jahr in 4., Venet. 1504 per Erasm. Reinholdum Salveldensem supputatae Witteb. 1584. Auch nach Doppelmayr und Roeder erschien die erste Ausgabe in Nürnberg. Nach Stern erschien die Schrift: Tabulae directionum profectionumque zuerst unter dem Titel: Joh. de Regiomonde Ludus Pannoniensis, quem alias vocare libuit Tabulas Directionum (No-

rimb. 1475. 4). Sie ist besonders zu astrologischen Zwecken bestimmt und in Ofen für den Erzbischof Gran, der ein Liebhaber der Astrologie war, geschrieben und wurde noch vor Regiomontans Reise nach Rom in Nürnberg gedruckt (vergl. Jac. Aug. Thuani Hist. Lib. 90 p. 269). Diese Ausgabe ist sehr selten. Eine zweite ebenfalls seltene Ausgabe hat die Nachschrift: Opus tabularum directionum profectionumque . . . . per magistrum Joannem de Regiomonte compositarum Anno Dei 1467 explicit feliciter Magistri Joannis angeli viri peritissimi diligenti correctione. Erhardique Ratdolt mira imprimendi arte: qua nuper Venetiis nunc Auguste Vindelicorum excellit nominatissimus, 4. nonas Januarii 1490. 4. Andere Ausgaben: Venet. 1524, August. Vindel 1552, auf dem Titelblatt heißt es tabulae . . . . non tam astrologiae judiciariae quam tabulis et instrumentis astronomicis variis conficiendis plurimum utiles (Tubing 1554, Wittenb. 1606). In der Bibliographie universelle in dem Artikel Jean Müller führt Delambre, der von der ersten 1475 in Nürnberg erschienenen Ausgabe übrigens nichts weiß, noch andere Ausgaben: Venedig 1485, abgedruckt 1490, 1504 mit einer Sinustafel, 1550 mit einer Sinustafel für die einzelnen Minuten, 1551, 1552 und 1554 von Reinhold an.

In der Vorrede nennt sich der Verfasser Johannes Germanus de Regiomonte. Was dieses Buch besonders auszeichnet, ist die tabula secunda, d. h. nach unserer Sprache eine Tangententafel, weil sie die erste ist, von der man mit Bestimmtheit weiß, daß sie in Europa berechnet worden ist. Aber in dem Umstande, daß sie nur für die einzelnen Grade und nicht, wie die Sinustafel, für die einzelnen Minuten berechnet ist, liegt auch der Beweis, daß Regiomontanus ihren Nutzen in der Trigonometrie nicht gekannt hat, auch braucht er sie nur als Hülfstafel bei einem speciellen Falle, während die Araber schon 500 Jahre früher Tangententafeln hatten und ihren Nutzen in der Trigonometrie sehr wohl kannten.

8) Tabula magna primi mobilis cum usu multiplici rationibusque. Norimb. 1475. 4. Auch von Roeder und Weidler, wenn auch ohne Jahreszahl angeführt. Im Index auctorum wird Regiomontanus als Verfasser bezeichnet. Tabuli primi mobilis Jo de Monte regio. Steht in Tabulis Eclypsium Magistri Georgii Peurbachii. Viennae Austriae 1514. Fol. Auch Delambre führt obiges Werk als i. J. 1475 in Nürnberg erschienen an und sagt, daß Tabulae ecclipsium Purbachii, Tabula mobilis a Monteregio. Venise in Fol. 1515 erschienen sei. Nach Stern (s. Ersch u. Gruber) verfaßte Regiomontanus diese Schrift in Ofen für den König Matthias Corvinus. Sie kam zuerst nebst anderen von Regiomontanus beigefügten Aufgaben in Druck und erschien zuerst in Nürnberg (1475?) in 4. Sie enthält die Anweisung die Auflösung des rechtwinklichen sphärischen

Dreiecks und davon abhängender Fragen, wie die Declination, gerade Aufsteigung u. s. w., zu finden. Tanstetter hat sie nebst Peurbachs tabulae eclipsium 1514 zu Wien herausgegeben, dann Schoner in Neuburg an der Donau 1557 Fol., Schreckenfuchs mit Zusätzen (Basil 1567) Fol. Dazu gehört Fundamenta operationum, quae sunt per tabulam generalem Neuburg 1557. Fol. Diese Tafeln sind eben so wie die Tabulae Directionum und die Ephemeriden voll schöpferischer Ideen für die Astronomie und Mathematik.

Von diesen angeführten Hauptwerken des Regiomontanus ist mit Gewißheit anzunehmen, daß sie während seiner Anwesenheit in Nürnberg gedruckt und erschienen sind und daß demnach dieser Stadt die Ehre zukommt, diese Schätze der Gelehrsamkeit und Wissenschaft der Welt zunächst mitgetheilt zu haben. Die übereinstimmenden Quellenangaben sprechen evident dafür. Bei der großen Seltenheit dieser Werke würde es gewiß von dem höchsten Interesse sein, zu erfahren, in welchen Bibliotheken die ältesten Ausgaben der Regiomontanischen Werke noch aufbewahrt würden. In Nürnberg selbst ist es mir nicht gelungen, die weltberühmten Ephemeriden und den Kalender des Regiomontanus aufzufinden.

Wahrscheinlicherweise sind noch mehrere Werke des Regiomontanus, außer den angeführten, während der Anwesenheit desselben in Nürnberg erschienen. Ob das berühmte Werk: De cometae magnitudine etc. in Nürnberg gedruckt worden, lasse ich dahin gestellt sein. Nach Panzer sollen übrigens aus Regiomontanus Presse auch die Schriften Maffei Vegii Philalethes in Quarto (satyrisches Gedicht) und „Magni Basilii Liber ad Juvenes quantum ex gentium libris ad litteras proficiant in Quarto hervorgegangen sein.

Es entsteht nun die interessante Frage, in welcher Druckerei Nürnbergs die obengenannten Werke des Regiomontanus während seiner Anwesenheit in dieser Stadt (1471 bis 1475) gedruckt worden sein mögen. In dem genannten Zeitraum bestanden in Nürnberg Druckereien von Joh. Sensenschmid, Andreas Frießner, Heinr. Keser, Friedr. Creußner und Anton Koburger oder Koberger, welche Männer bis 1479 auch die einzigen gewesen, die sich mit der Buchdruckerkunst in Nürnberg beschäftigt haben.*) In Hinblick auf die in Bamberg so früh betriebene Buchdruckerei, wo schon Albrecht Pfister 1461 und 1462 gedruckt, ja sogar zwischen 1453 und 1455 eine ganze lateinische Bibel zu Stande gebracht haben soll, welche Angabe freilich schwer zu begreifen ist, da in Mainz 1455 oder 1456, nach anderen Angaben 1450, Gutenbergs erstes großes Druckwerk, die 42 zeilige undatirte sog. Gutenberg'sche Bibel in 2 Foliobänden, erschienen sein soll und in Mainz erst 1462

---

*) „Die ältesten Buchdruckereien Nürnbergs im 15. Jahrh.," Vortrag, gehalten daselbst im Literarischen Verein am 20. März 1873. Vergl. Korresp. v. u. f. D. d. 22. März 1873.

die ganze lateinische Bibel fertig wurde, ist es auffallend, daß in Nürnberg das erste zuverlässig mit Angabe der Zeit und des Druckortes (aber nicht der Druckerei) gedruckte Buch: „Francisci de Retza. Comestorium vitiorum" (welcher kurioser Titel vielleicht mit „Speisesaal der Laster" zu übersetzen sein dürfte) erst 1470 erscheint, welches nach Panzers Forschungen unzweifelhaft aus Sensenschmids Presse gekommen, den man also mit Recht den ersten Nürnberger Drucker nennen könnte. Vor dem Jahre 1470 ist demnach in Nürnberg kein Buch gedruckt worden. Das 1472 erschienene Werk des gelehrten Domherrn Albert v. Eyb: Margarita poetica, d. h. eine Redekunst in Beispielen aus den besten Schriftstellern, ist aber das erste mit Sensenschmids Namen und das einzige, wo in der Schlußanzeige sein Name allein vorkommt. Das im Jahre 1472 in Nürnberg erschienene Buch „Alcinoi disciplinarum Platonis epitoma" hält man für das erste Buch, das aus Anton Koburgers Presse mit der Anzeige des Druckortes, aber ohne Namen gekommen ist. Als das erste Buch, das Koburger mit Beisetzung seines Namens drucken ließ, ist aber das Buch des Boethius zu betrachten, das im Jahre 1473 erschienen ist. Die Koburger'sche Druckerei war hauptsächlich insbesondere durch die prächtigen und schnell auf einander folgenden deutschen und lateinischen Ausgaben der Bibel berühmt. Die erste in Nürnberg gedruckte lateinische Bibel (Biblia latina), eine höchst seltene Ausgabe der

Vulgata, ist von Ant. Koburger 1475 gedruckt worden. Das erste künstlerisch reich ausgestattete Werk aus Koburgers Presse ist aber die deutsche Bibel von 1483. Im Ganzen sind bei den Koburgern (1472—1540): 28 lateinische, 1 deutsche und 1 böhmische, zusammen 30 Bibelausgaben gedruckt worden. Die Nachfolger des i. J. 1513 gestorbenen Anton Koburger, dessen Druckerei auf ihrem Höhepunkt 24 Pressen gehabt, an denen 100 Personen beschäftigt gewesen, sind seine Söhne Hans aus erster und Anton aus zweiter Ehe, das Wohnhaus Anton Koburgers das Muffel'sche Haus am Aegydienplatze S 758 und die Druckerei, wie auch Herr Dr. Lochner vermuthet, in der Burgstraße S 529, der Stadtbibliothek gegenüber, gewesen.

Die Thätigkeit Koburgers als Buchdrucker und Buchhändler war jedenfalls eine bedeutende und erstreckte sich auf die gesammte damalige gelehrte Welt. Von allen obengenannten Nürnberger Buchdruckern ist Anton Koburger in Ansehung der wahren Verdienste um die Buchdruckerkunst der bedeutendste und angesehenste gewesen.*) Sei es nun, daß, wie Panzer bemerkt, die Sensenschmid'sche Druckerei nicht eingerichtet gewesen, um die von Regiomontanus mit vielem Fleiß gesammelten Handschriften griechischer und anderer alten mathematischen

---

*) Vergl. „Die Koburger, Buchhändler-Familie zu Nürnberg. Eine Darstellung des deutschen Buchhandels in der Zeit des Uebergangs von der scholastischen Wissenschaft zur Reformation von Oscar Hase. Leipzig, Breitkopf und Hertel. 1869."

Schriftsteller drucken zu lassen oder daß, wie Apelt S. 42 annimmt, die Manuskripte Regiomontans mit ihren Tafeln und astronomischen Zeichen von der Beschaffenheit gewesen, daß ihr Druck die Kräfte selbst von Koburgers Druckerei überstiegen und Koburger den Druck abgelehnt habe, was um so wahrscheinlicher sei, als man damals (wie aus den Disputationes Joh. de Regiomonte contra Gerhardi Cremonensis in Planetarum Theoricas deliramenta in Folio hervorgehe) noch nicht mit griechischen Lettern in den Druckereien zu Nürnberg versehen war und Regiomontanus in alle Exemplare verschiedene darin vorkommende griechische Wörter in die zwischen den lateinischen leer gelassenen Spatien mit eigener Hand geschrieben habe, wie dergleichen Ausgaben auf der Nürnberger Stadtbibliothek beweisen (s. Doppelmayr' Nachr. v. d. Nürnberg. Mathem. S. 10 Anmerk.) — soviel steht fest, wie auch aus den Katalogen von Roeder, Weidler und Osc. Hase hervorgeht, daß keines der Werke des Regiomontanus weder in der Sensenschmid'schen, Frießner'schen, Creußner'schen noch in der Koburger'schen Druckerei zum Druck befördert worden ist.

Es liegt daher der Gedanke sehr nahe, daß Regiomontanus entweder selbst eine eigene Druckerei in Nürnberg gehabt hat oder seine Werke in der Druckerei des ihn befreundeten Bernhard Walther, der nach vielfachen Angaben auf seine Kosten eine Druckerwerkstätte errichtet hat, drucken ließ. Der vorkommende Ausdruck ex officina de monte regio, aus Regiomontans Druckerei (s. Roeder und Panzer) deutet darauf hin, daß Regiomontanus in der That eine Druckerei in Nürnberg besessen habe. Von Regiomontans Druckerei, die er in Nürnberg gehabt haben soll und von seinen Verdiensten um diese Kunst handelt Panzer in seiner Gesch. der Nürnb. Ausg. der Bibel S. 7 und Schwarz P. III documentos. typograph. S. 46 u. f. Auch kann man hierüber Prof. Wills Nürnbergisches Gelehrten=Lexikon und das Literarische Wochenblatt nachlesen. Nach v. Murrs Beschreibung der vornehmsten Merkwürdigkeiten in der Reichsstadt Nürnberg rc. S. 634 befand sich Regiomontanus' Druckerei, zu der Bernhard Walther die Kosten hergegeben, in der Karthäusergasse, wo (zu Murrs Zeiten) die Käsische, später Egberti's Porzellan=Fayance=Fabrik war.

In Hinblick darauf, daß die oben erwähnte Bezeichnung „ex officina de monte regio" nur einmal, und zwar, soviel ich weiß, in Roeder's Katalog vorkommt, daß Regiomontanus bei seiner vorübergehenden Anwesenheit in Nürnberg wohl auch nicht daran gedacht haben kann, eine eigene mit großen Geldopfern verbundene Druckerei anzulegen und daß nach vorliegenden gleichlautenden Berichten von Doppelmayr u. A. sein wohlhabender Freund Bernhard Walther auf eigene Kosten im Interesse des Regiomontanus eine Druckerei errichtet hat, so ist wohl auch anzunehmen, daß die oben angeführten Werke unter der Leitung und Aufsicht (ductu Joannis de Monteregio) in dieser Walther'schen Druckerei hergestellt worden sind, da eben in keiner anderen damals in Nürnberg bestehenden Druckerei, wie wir oben gezeigt, die in Nürnberg erschienenen Werke des Regiomontanus gedruckt worden sind. Späteren Forschungen muß es überlassen bleiben, über die Lage, Einrichtung und Größe dieser Walther'schen Druckerei neues Licht zu verbreiten; denn, abgesehen von der nicht bewiesenen Murr'schen Angabe, daß die Regiomontanische Druckerei, zu der Bernhard Walther die Kosten hergegeben, in der Karthäusergasse gewesen, wissen wir nur mit Bestimmtheit, daß das erste von Sebald Frey, einem Ohm Albrecht Dürers, gekaufte Wohnhaus Bernh. Walthers am Markt 19 zu Regiomontanus Zeiten gewesen und daß als das zweite Wohnhaus Bernh. Walthers das jetzige Albrecht Dürer'sche Haus bezeichnet wird, woselbst auch Walther i. J. 1502 (kurze Zeit vor seinem i. J. 1504 erfolgten Tode) mit Benutzung des Nachbardaches eine Sternwarte — demnach die zweite von Walther lange nach Regiomontanus Tode gebaute Sternwarte — errichtet hat, ein Beweis, daß Bernh. Walther bis zu seinem Tode im ziemlich hohen Alter ein eifriger Astronom und Himmelsbeobachter geblieben ist. Immerhin bleibt es merkwürdig und auffallend, daß auf den in Nürnberg gedruckten Werken des Regiomontanus nicht der Name der Druckerei, sondern nur öfter ductu Joannis de Monteregio angegeben ist. Wie lange die Walther'sche Druckerei bestanden und wie

viele Werke aus derselben hervorgegangen, darüber liegen
keine andern Angaben vor. „Man findet kein einziges
Buch," sagt Doppelmayr, „das Walther von Regiomon=
tanus nach dessen Tod zum Druck befördert hätte (also
nach 1476), daher wohl glaublich, daß jener seine
Druckerei gar bald, wegen vielen hierüber gehabten Un=
muthes einem Buchdrucker verkauft hat."

Nach Anführung der von Regiomontanus während
seiner Anwesenheit in Nürnberg gedruckten Werke, würde
es zu weit führen, wenn wir die noch später erschienene
Regiomontanus=Literatur hier ausführlicher besprechen
wollten. Wir verweisen zu diesem Zweck auf die oben
angegebenen Quellen in Jöchers Gelehrten=Lexikon, in der
Bibliographie universelle (Michaud), in der Encyklopädie
von Ersch und Gruber, und wollen nur noch, da die
Literatur über Regiomontanus, soviel uns bekannt, keinerlei
größere, selbständig abgeschlossene Werke oder Mono=
graphien umfaßt, auf folgende Schriften bis zur
Neuzeit herab hinweisen, in denen man bald längere bald
kürzere Abhandlungen, Aufsätze und Notizen über unseren
berühmten Landsmann finden wird.

Joh. Schoner in seinen opusculis geogr. Norimb.
1533. cap. 2. scripta regiomontani.

Joh. Schoner: Joh. de monte regio, de cometae
magnitudine etc. problemata XVI. Norimb. 1544.
(Entfernung, Größe und Umlaufszeit der Cometen.)

Joh. Schoners scripta clarissimi Mathematici

M. Joannis Regiomontani. (Regiomontanus behauptete lange vor Kopernikus die Bewegung der Erde um die Sonne.)

Erasmus Reinhold in Phil. Melanchth. orat. select. T. III. p. 503.

Erasmus Reinholdus oratio de Joh. Regiomontano, gehalten zu Wittenberg 1549.

Georgii Peurbachii et Joannis Mülleri Regiomontani vita in Petri Gassendi Miscellaneis. Tom. V. p. 519 (Lugd. 1658) und v. Khautz p. 38.

Discursus von dem Jahre 1588 u. s. w., enth. biogr. Notizen über Regiomontanus. 1684.

Petrus Ramus in seinen scholis mathematicis p. 64 ertheilt dem Regiomantus den Ruhm eines Miterfinders der Buchdruckerkunst. Vergl. S. 24.

Joh. Trithemii catalog illust. vir. p. 163 neu.

Paul Jovii elog. viror. erudit. p. 218 (Reg. wird nach Rom berufen, um dort eine Reform des Kalenders zu begründen).

Werners Vorrede zu Georgii Amiercei opusc. geogr.

Melch: Actam., vit. philosophr. p. 16 (Nürnberg übertraf in Mathematik und Astronomie noch später die meist berühmten Akademieen).

Fabricius, bibliotheca IV, 353—361.

Erhard, Gesch. der Wiederauflebung der Wissensch. in Deutschland, III, 497—510.

M. v. Doppelmayer's hist. Nachricht von Nürnberger Mathematikern und Künstlern. 1730. p. 23 ff.

Schwarzius: Notitiae de Regiomontano 1740.

Boje, G. M.: Nonnulla de vita et scriptis 1757.

Mellin, Ch. J.: Commentatio de J. Regiomontani in humanitatis studia meritis. Jenae 1763.

Panzers Annales Voll. II. p. 233. Nürnb. 1794.

Siebenkees (Hofrath und Bibliothekar) kl. Chronik der Stadt Nürnberg (S. 23 Compaßmacher).

Nürnberger Gelehrten-Lexikon von Will und Nopitsch, III, 273—282 und VII, 226—237.

Rosenmüller: Lebensbeschr. ber. Gelehrt. des 16. Jahrh. I. 196—219.

Levensbeschryving van beroemde en geleerde mannen. p. III, 59—90.

v. Murr: Notitia trium codicum autographorum Johannis Regiomontani in Bibliotheca Chr. Theoph. de Murr. Norimbergae 1800.

v. Murr memorabilia bibliothecarum publ. Norimb. I. p. 74—205 enthält einen Briefwechsel des Regiomontanus mit Blanchinus und Jac. v. Spira.

v. Murr: Beschr. der vornehmsten Merkw. in Nürnb. s. ob.

v. Murr: Diplom. Gesch. des portug. Seefahrers Martin Behaim.

Bailly, Histoire de l'Astronomie moderne I. p. 317 ff. 5 B. Paris 1775—1787.

Georg Christoph Lichtenberg (gest. 1799), Prof. zu Göttingen: vermischte Schriften 6. B. in dem Leben des Kopernikus. S. 22—28.

Programm von Dr. F. C. L. Sickler. Hildburgh. 1816: Das Leben des berühmten Astronomen und eines der ersten Beförderer der griechischen Literatur in Deutschland, unseres großen Landsmannes Johannes Mueller, gen. Regiomontanus.

Peurbach und Regiomontanus, die Wiederbegründer einer selbständigen und unmittelbaren Erforschung der Natur in Europa. Eine Anrede an die studirende Jugend von Dr. G. H. Schubert. Erlangen 1828 bei Palm und Enke.

Nürnbergische Erinnerungsblätter für Einheimische und Fremde oder Nürnbergische Denkblätter oder Stimmen der Gegenwart und Vergangenheit über Nürnberg 1828. J. L. Schrag's Verl.

Die Reformation der Sternkunde. Ein Beitrag zur deutschen Culturgeschichte von E. F. Apelt. Jena. Friedr. Mauke 1852.

Geschichte des Seefahrers Ritter Martin Behaim nach den ältesten vorhandenen Urkunden bearbeitet von Dr. F. W. Ghillany. Nürnberg 1853.

Arago, Biographie 1855 (f. Oeuvres complètes Paris 1854. 1855).

Dr. Breußing: Zur Geschichte der Geographie:

Regiomontanus, Martin Behaim und der Jakobstab s.
Zeitschrift für Erdkunde. Berl. Bd. IV.

Aus dem Haßgau. Erzählungen, Novellen und
Humoresken von Christian Wiedmwill (Pfarrer Dressel).
2 Bändch. Coburg 1863. Bei E. Riemann. Inhalt
des zweiten Bändchen: Regiomontanus.

Die über Regiomontanus handelnden Stellen bei
Jão de Barros, Maris Dialogos, Cordeyro, Bartolozzi,
Maffei, Amoretti, Pigafetta, Trigozo, Alexander von
Humboldt in seinen kritischen Untersuchungen, Oscar
Peschel, Dr. Ghillany u. A. werden im Text später ge=
nauer angeführt werden.

Die zahlreiche Handschriftensammlung des Regio=
montanus mit vielen griechischen Klassikern gelangte nach
dessen Tod in den Besitz seines Schülers und Freundes
Bernhard Walther. Nach dem Nürnbergischen Mathe=
matiker Werner (s. Gassendi in Vita Regiomontani
p. 368) hielt Walther diese Handschriften so sorgfältig
unter Schloß und Riegel, daß Niemand bei seinen Leb=
zeiten etwas davon zu sehen und zu lesen bekam. Nach
Walthers Tod (1504) verschleuderten und vergendeten
leichtsinnige Erben später diese Schätze; nur weniges
rettete der Magistrat, der es dem Nürnbergischen Ma=
thematiker Johann Schoner übergab, von dem auch
manches bekannt gemacht ward. Mehrere dieser Hand=
schriften sind noch aufbewahrt in Nürnberg, in der dor=
tigen Rathsbibliothek, ehemals auch in der v. Murr'schen

und in der Universitätsbibliothek zu Erlangen. Ueber die Handschriftensammlung vergleiche die Murr'sche Schrift: Notitia trium codicum autographorum Johannis Regiomantani in Bibliotheca Chr. Theoph. de Murr. Norimbergae 1800. Diese Codices waren:

1) Codex autographus Joh. Regiomontani Fol. 63 in versionem Jacobi Angeli Florentini Geographiae Claudii Ptolomaei adnotationes, eine sehr wichtige Schrift, welche Zeugniß gibt von der großen Kenntniß des Verfassers in der griechischen Sprache und

2) die gegen den Griechen Georg Trapezuntius gerichtete Streitschrift „Defensio Theonis contra Trapezuntium." In diesem Werk weist Regiomontanus dem gelehrten Griechen manche Unkenntniß der griechischen Sprache und manche sowohl an Ptolemäus als an dessen Erklärer, dem Alexandriner Theon, begangene Sünde nach. Diese an den König Matthias Corvinus gerichtete Schrift ist in einem sehr guten Latein verfaßt.

3) De Triangulis omnimodis Lib. V. Fol.

Da Bernhard Walther auch nach Doppelmayr S. 24 den von Regiomontanus zu Nürnberg hinterlassenen Apparat von Büchern und Manuscripten von dessen Erben kaufte, so würde es von Interesse sein, nachzuforschen, wer diese Erben gewesen, ob sie in Nürnberg gewohnt u. s. w.

Mit Hülfe seines reichen für die Astronomie begeisterten Freundes, des „erbaren" Bernhard Walther, (der, ohne Patrizier zu sein, doch dem großen Rath angehörte), wurde auch der in der technischen Ausführung der Instrumente wohl bewanderte Regiomontanus in den Stand gesetzt, nicht nur in der Walther'schen Druckerei seine Werke zum Druck zu bringen und auf der Walther'schen Sternwarte seine Beobachtungen zu machen, sondern auch die Instrumente und Werkzeuge, die er sich erfunden, auszuführen (s. Lichtenberg), mit denen er, wie Doppelmayr S. 7 sagt, seine Beobachtungen sowohl bei der am 2. Juni vorgekommenen Mondfinsterniß als auch bei dem Erscheinen des Cometen, den 20. Januar 1472, machte. So wurden u. A. Uhrenverbesserungen eingeleitet, Pläne zur Herausgabe von Landkarten entworfen, kostspielige astronomische Instrumente, z. B. die Quadrata Geometrica und Torqueta, die Radii Hipparchici, die Regulae Ptolemaei, Armillae und Astrolabien aus Messing, Meteoroscopen, Astrarium, Planetarium, parabolische Brennspiegel, Himmelsgloben und treffliche Compasse gearbeitet. Auch verfertigte Regiomontanus (nach Doppelmayr S. 9) in seiner officina fabrili ein schönes Automaton, welches die eigentliche Bewegung der Sterne zur großen Bewunderung der Anschauenden darstellte.

Bernhard Walther ließ mehrere neue Instrumente anfertigen, mit welchen sie gemeinschaftlich (Walther und Regiomontanus) eine Reihe regelmäßiger Beobachtungen anstellten, die Regiomontanus, der schon früher gegen den

Autoritätsglauben vorgegangen und die Untrüglichkeit der Alphonsinischen Tafeln brechen wollte, noch mehr von der Unzulänglichkeit der besagten Tafeln überzeugten. Diese Beobachtungen finden sich, wie Stern angibt, hinter den von Willebr. Snellius herausgegebenen observationes hassiacae.

Während seines Aufenthaltes in Nürnberg wußte auch der in der Mechanik erfahrene Regiomontanus einen entscheidenden Einfluß auf das zu seiner Zeit so augenfällige Aufblühen der eigentlichen schönen Künste zu üben und eine wohlthätige Wechselwirkung der Wissenschaft auf die Belebung bürgerlicher Geschicklichkeit und Gewerbe, welche letztere vielfach offenbar Regiomontanus' Schule darlegten, herbeizuführen. So hat Regiomontanus u. A. auch über „Wasserleitungen" (s. Gehlers physik. Wörterbuch V. p. 530), Gewichte und über „Brennspiegel" geschrieben. Letztere Schrift scheint verloren zu sein. In Doppelmayrs Nachr. S. 23 findet sich aber, wenn ich nicht irre, die Beschreibung eines aus Regiomontanus' Werkstätte hervorgegangenen Archimedischen Brennspiegels. Auch vom Astrolabium armillare schrieb Regiomontanus einen Tractat, der in der Nürnberger Ausgabe seiner Schriften vom Jahre 1554 zu finden ist.

Die hohe Kunstfertigkeit der Rothgießer in Behandlung des wahrscheinlich auch in Nürnberg erfundenen Messings wird schon im Spruch des Hans Rosenplüt von 1447 gepriesen und Siebenkees berichtet in seiner kleinen Chronik der Stadt Nürnberg S. 52, daß in Folge der in Nürnberg verfertigten astronomischen Instrumente u. s. w. daselbst eine Innung der berühmtesten Compaßmacher von Europa entstanden. Diese von vielen Schriftstellern wiedergegebene Angabe ist dahin zu berichtigen, daß, wenn auch zweifelsohne damals schon Compaßmacher in Nürnberg lebten, sie doch keine Zunft, sondern blos ein Handwerk bildeten, da in Nürnberg überhaupt keine Zunft geduldet wurde. Als die Compaßmacher 1520 supplicirten, ihnen eine Ordnung zu geben, wurde ihnen am 30. August dieses „aus guten Ursachen und gemeinem Handel zu Förderung abgeschlagen, sondern soll ihre Arbeit für eine freie Kunst gehalten werden und bleiben, wie bisher geschehen." Die Kunst, Compasse zu machen, wurde nach Regiomontanus' Zeiten von mehreren Künstlern ausgeübt, wie wir S. 19 schon bemerkt haben. Es gibt auch noch gegenwärtig viele Compaßmacher in Nürnberg, die namhafte Geschäfte betreiben. Die gewöhnliche Annahme, daß das Messing gegen das Jahr 1533 in Nürnberg (von Erasmus Ebner?) erfunden worden, kann nicht richtig sein, da schon im Jahre 1336 in Nürnberg Messingschmiede und Messingschläger vorkommen. Die Erfindung des Messings muß daher viel älter sein und wahrscheinlich ist im 16. Jahrhundert nur eine Verbesserung resp. Vervollkommnung in Nürnberg zur Ausführung gekommen.

Es ist selbstverständlich, daß da, wo derartige Instrumente am Besten gemacht werden, neben **praktischer** Fertigkeit auch theoretische Kenntnisse zu Hause waren. Mehrere Instrumente dieser Art, darunter auch **messingene Astrolabien** aus Regiomontanus Sammlung, die der Rath der Stadt, wie bemerkt, i. J. 1505 von den Erben Bernhard Walthers erkaufte, werden noch bis heute auf der Stadtbibliothek zu Nürnberg in einem Glasschrank sorgfältig aufbewahrt.*)

Wo nun diese von Regiomontanus gegründete und geleitete mechanische Werkstätte in Nürnberg gelegen, ist eben so wenig mit Bestimmtheit zu ermitteln, als wo das Haus der Druckereiwerkstätte und die Wohnung des Regiomontanus selbst gestanden hat. Soviel ist gewiß, daß aus beiden Werkstätten, die möglicherweise in einem Hause gewesen sein können, werthvolle Producte hervorgegangen sind, die der Astronomie und Mechanik viel genützt und daß die mechanische Werkstätte (officina fabrilis), welche von Astronomen, Mechanikern u. A., wahrscheinlich auch von Martin Behaim, besucht worden, mathematische und astronomische Instrumente geliefert hat, die für die nautische Astronomie und für die Geschichte der Seeschifffahrt

---

* Astrolabium diametro 10 digitorum. 1468.
  Aliud quinque digitorum diametri.
  Astrolabium arabicum cupreum, diametri 6 digitorum literis cuficis, lineisque argenteis distinctum (s. Murr, memorabilia bibliothecarum publicar. Norimbergens. p. I 9. 429 und II. 317 sqq.

und Entdeckungen von eminenter Wichtigkeit gewesen sind und unserem Landsmann großen Ruhm erworben haben.

So lange nicht nachgewiesen wird, daß Behaim seine Jugendzeit bis zum 16. Jahre anderswo als in Nürnberg zugebracht hat, ist man gewiß berechtigt, anzunehmen, daß derselbe sich bis zu dem genannten Alter in Nürnberg aufgehalten hat. In diesem Falle ist es dann sehr wahrscheinlich, daß Martin Behaim, der später so berühmt gewordene Seefahrer, Kosmograph und Mathematiker, auch Regiomontanus' mechanische Werkstätte besucht hat, da sie ihm, der aus einer angesehenen Familie stammte, um so eher offen stand, als er sich für die Anfertigung astronomischer und mathematischer Instrumente interessirt haben muß und Bernhard Walther — der Freund Regiomontanus' — in der unmittelbarsten Nähe des Behaim'schen Geburtshauses Nr. 17 am Markt, nämlich Nr. 19 am Markt, gewohnt hat. Da der Vater des Seefahrers um 1474 gestorben ist und der mit sieben Kindern hinterlassenen Wittwe daran gelegen sein mußte, den ältesten Sohn Martin möglichst bald selbstständig zu machen, so hat Martin Behaim wohl erst 1475 oder Anfang 1476 — in demselben Jahre wie Regiomontanus — Nürnberg verlassen und ist auch nicht früher nach den Niederlanden gekommen; denn er schreibt selbst in einem Briefe an seinen Oheim Leonhard Behaim in Nürnberg, datirt Mecheln 13. Okt. 1477: „er habe, so lange er „außen" sei, nur erst einen einzigen

Brief von seinem Oheim, datirt Nürnberg 6. Dec. 1476, erhalten." Da Behaim die Niederländische Tuchfabrikation aus eigener Anschauung kennen lernen sollte, wie er selbst in dem obengenannten Briefe schreibt, so muß er 1477 noch ein Jüngling gewesen sein, den wir im April 1477 zu Mecheln, auf der Herbstmesse in Frankfurt, im Herbst 1478 wiederum in Mecheln und in Frankfurt, sowie im Jahre 1479 in Antwerpen finden, von wo aus er im Frühjahr wieder die Frankfurter Messe besucht. Der letzte von Martin Behaim aus den Niederlanden an seinen Oheim Leonhard Behaim in Nürnberg gerichtete Brief ist aus Antwerpen vom 8. Juni 1479. „Behaim," sagt Ghillany, „damals ein junger Mann von ungefähr 20 Jahren, muß bald nach dieser Zeit und wahrscheinlich schon 1480 in Handelsgeschäften einer Niederländischen Tuchfabrik nach Portugal gekommen sein, entweder in Folge der portugiesischen Handelsverbindungen Nürnberger Kaufleute oder durch den Verkehr der Niederlande mit jenem Königreiche." Im Jahre 1483 ist Behaim wieder von Portugal nach den Niederlanden und von hier nach Nürnberg gekommen, wie Dr. Lochner (f. Nürnb. Korresp. 20. Nov. 1870) nachgewiesen; denn den 1. März 1483 wird Martin Behaim in Nürnberg, weil er am 19. Febr. desselben Jahres mit den Juden auf einer Hochzeit getanzt hatte, bei Gelegenheit einer Polizeistrafe, zu der er verurtheilt wurde, vernommen. Behaim wurde acht Tage und Nächte und

— 56 —

Sebald Deichsler vier Tage und Nächte in ein versperrt Kämmerlein, beide halb auf Gnade, d. h. mit der Erlaubniß, die Hälfte mit Geld abzukaufen, gestraft; am 6. März wurden auch die zwei anderen jugendlichen Theilnehmer, Sebald Tucher und Steffan Paumgartner, aus gleicher Verschuldung mit gleicher Strafe unter gleichen Verhältnissen bedacht. Im Mai 1484 ist Behaim zum zweitenmal nach Portugal gereist, und 1491, sechs Jahre später, zum zweitenmale nach seiner Vaterstadt Nürnberg zurückgekehrt.

Der Nachweis, daß Behaim 1483 in Nürnberg gewesen, ist für die Lebensstellung Behaim's eine sehr wichtige Thatsache, nicht etwa, weil Behaim mit den schwarzäugigen Töchtern Israels getanzt und dafür mit Gefängniß bestraft, sondern weil diese im Verein mit anderen jugendlichen Genossen vorgenommene Handlung mit Bestimmtheit beweist, daß Behaim ein junger Mensch damals gewesen, der nicht, wie v. Murr behauptet, 1430 geboren worden sein kann, weil einem Dreiundfünfziger in der Regel nicht einfallen wird, mit den Rebekka's und Sara's der Judengasse im lustigen Tanze sich zu drehen.

Da aus allen diesen gemachten Angaben unzweifelhaft hervorgeht, daß Behaim bei der Anwesenheit des Regiomontanus in Nürnberg (1471—1475) erst gegen 16 Jahre alt, also gerade in den Jahren gewesen, wo man sich höheren Studien zuneigt, so kann er in Folge seines Lebensalters recht gut der Schüler des Regiomontanus gewesen sein, wenn dies auch v. Murr in seinem rechthaberischen Eigensinn nicht zugeben will, der (vergl. seine diplom. Gesch. Behaims) durch seine falsche Angabe des Geburtsjahres Behaims und durch die Verwechselung von Vater und Sohn, welche beide Martin geheißen, große Verwirrung in die Lebensgeschichte Martin Behaims gebracht und ihn als Schüler des Regiomontanus unmöglich gemacht, da er das Alter des Seefahrers Behaim (geb. um 1459, nach v. Murr aber 1430) um 29 Jahre zu hoch gesetzt hat.

Allein auch abgesehen von allen obigen Angaben, wonach Behaim in Folge seines Lebensalters der Schüler des Regiomontanus gewesen sein kann, ist er es auch in der That gewesen, weil er sich selbst öffentlich gerühmt hat, ein Schüler des Regiomontanus gewesen zu sein, wie die gleichlautenden Aussagen der portugiesischen, italienischen, französischen und deutschen Schriftsteller beweisen. Ist es auch bedauerlich, daß wir über die Jugendzeit Behaims wie über sein letztes Lebensdecennium keine nähern Nachrichten und über sein Verhältniß zu Regiomontanus von ihm selbst bis jetzt nichts Geschriebenes oder Gedrucktes besitzen und vielleicht die oben auf Grund seines Lebensalters gezogenen Schlüsse nicht so zwingender Natur sind, um eine an sich wahrscheinliche Sache sicher zu stellen, so dürften doch die Aussagen der sogleich anzuführenden Schriftsteller schlagende Argumente bilden, die

geeignet sein werden, jeden Zweifel in dieser Hinsicht
umsomehr schwinden zu lassen, als Behaim, der Astrolabium und Jakobstab in die portugiesische Marine eingeführt,
damals zu jung gewesen, um derartige Instrumente, die Regiomontanus schon in Wien und Nürnberg gearbeitet, nochmals
selber zu erfinden, und nur dem Umstand, daß er ein
Schüler des Regiomontanus gewesen, seinen Ruf in die
mathematische Kommission (junta) in Lissabon zu verdanken
gehabt hat. Dieser Umstand mußte dem jungen Mann
in der Kommission ein besonderes Gewicht geben.

Martin Behaim, ein sehr wahrheitsliebender Mann,
hat in der That niemals ein Geheimniß daraus gemacht,
wem er alle jene Verbindungen zu verdanken gehabt, ja
sich öffentlich gerühmt, ein Schüler des Regiomontanus zu sein. So schreibt der portugiesische Schriftsteller João de Barros in seinen Decaden I, lib. IV.
cap. 2: „ein gewisser Martin de Bohemia rühmte sich,
ein Schüler des Joh. Regiomontanus, eines unter den
Kennern dieser Wissenschaft berühmten Astronomen zu
sein", während der spanische Schriftsteller Antonio de
Herrera in seinen Decaden*), deren Autorität so wenig
in Zweifel gezogen werden darf, als die Handschrift des
Pigafetta, sagt: „Columbus sei in den Gründen, die ihn
bestimmten, den Seeweg nach Ostindien gegen Westen
aufzusuchen, durch seinen Freund, den Portugiesen

---

*) Herrera, dec. I, lib. 1, cap. 2 und dec. II, lib. 2, cap. 19.

Martin de Bohemia, einen großen Kosmographen, (natürlich Niemand anders als Martin Behaim, dessen Familie aus Böhmen stammt) auf der Insel Fayal bestärkt worden". Auch Maris Dialogos, der Verfasser der Historia insulana und der italienische Jesuit Peter Maffei (geb. zu Bergamo, gest. 1603) sagen ausdrücklich, daß Behaim sich rühmte, in Regiomontanus Schule gewesen zu sein. Dasselbe sagen ferner der französische Rechtsgelehrte Petrus Matthäus, der am Ende des 16. Jahrh. lebte, in seinen Anmerkungen zum canonischen Recht (ad VII decretalium lib. I. tit. IX de insulis novi orbis), der portugiesische Schriftsteller Sebastião de Mento Trigoza (Memorias de litteratura Portugueza etc.) und Andere. Auch die deutschen Gelehrten und Geographen: Karl Ritter, Alexander v. Humboldt, Oscar Peschel, Dr. F. W. Ghillany u. A. halten Behaim für einen Schüler des Regiomontanus. „Ohne Zweifel," sagt v. Humboldt in seinen kritischen Untersuchungen I. S. 234, „trug der Umstand, daß Behaim sich rühmte, ein Schüler des Regiomontanus zu sein, und daß er aus der Stadt war, in welcher der Papst Sixtus IV. dem Regiomontanus den Vorschlag hatte machen lassen, nach Rom zu kommen, um an der Verbesserung des Kalenders zu arbeiten, wesentlich dazu bei, seinen Ruf in der Kosmographie so schnell in Portugal neben dem so vieler anderer Männer zu begründen, welche sich mit der Vervollkommnung der Schifffahrtskunde beschäftigten."

Nach dieser kurzen Abschweifung, die wir aber zum Verständniß späterer Behauptungen für nothwendig halten, wie sich im weiteren Verlaufe herausstellen wird, kehren wir wieder zu Regiomontanus zurück und wollen zunächst auf die ihm fälschlich vindicirten Verdienste, sowie schließlich auf seine wirklichen Verdienste, namentlich um die epochemachenden geographischen Entdeckungen seiner Zeit näher eingehen.

„Je größer der Ruhm des Regiomontanus war," bemerkt E. F. Apelt in seinem obenangegebenen vortrefflichen Buche S. 46 ic., „desto mehr hat man ihn vergrößern wollen, indem man ihm Verdienste zuschrieb, auf die er in Wahrheit keinen Anspruch zu machen berechtigt ist. Schon Doppelmayr in seiner historischen Nachricht von den Nürnbergischen Mathematicis und Künstlern S. 22 hat ihn als einen Vorläufer des Kopernikus in der Lehre von der Erdbewegung bezeichnet und Schubert behauptet in seiner kleinen Schrift: Peurbach und Regiomontanus S. 38, daß er lange vor Kopernikus die **Bewegung der Erde um die Sonne** erkannt und seinen Schülern gelehrt habe. Ein solches Urtheil konnte nur aus einer gänzlichen Unkenntniß der hierauf bezüglichen Thatsachen hervorgehen. Das einzige historische Document, worauf diese Behauptung allein gegründet werden könnte und in der That gegründet worden ist, ist das zweite Kapitel von Johann Schoner's 1533 zu Nürnberg erschienenen Opusculum geographicum, an dessen Ueberschrift man sich gehalten zu haben scheint, ohne etwas Weiteres von seinem Inhalt zu wissen. In dieser Abhandlung Schoners ist aber, wie Apelt nachweist, nur von einer Axendrehung der Erde, keineswegs aber von einer Bewegung der Erde um die Sonne die Rede. Das würde schon daraus erhellen, daß der bewegten Erde nicht die ruhende Sonne, sondern der ruhende Himmel entgegengesetzt wird, wenn die fragliche Bewegung auch nicht ausdrücklich und wiederholt als eine Umdrehung der Erde um ihr Centrum und um ihre Pole bezeichnet würde. Die Idee einer Bewegung der Erde um die Sonne ist dem Regiomontanus nie in den Sinn gekommen; sie sprang aus Kopernikus' Geist wie Minerva aus Jupiters Haupte. Daß Regiomontanus die Möglichkeit einer Axendrehung der Erde erwog, lag für ihn sehr nahe, da Aristoteles und Ptolemäus bereits diese Frage erörtert hatten. Aber weit davon entfernt, die Rotation der Erde zu behaupten, läugnet er gerade dieselbe, und zwar aus denselben Gründen, aus welchen schon Aristoteles und Ptolemäus diese Ansicht verworfen hatten. Die jährliche Bewegung der Erde um die Sonne hat Kopernikus zuerst erkannt. An Bewegung der Erde hatte man schon früher öfter gedacht. Aber ein solcher Gedanke blieb nichts weiter als eine kühne Idee, so lange man nicht geometrisch zeigte, wie sich die Himmelserscheinungen aus diesen Annahmen erklären lassen. Das war es, was Kopernikus leistete."

Die ideelle Verkettung der erweiterten astronomischen Weltansicht zwischen den verschiedenen Jahrhunderten ist freilich nicht zu verkennen. So wie Kopernikus und seine Schüler Rhäticus, Reinhold und Mostlin, wenn gleich der Zeit nach getrennt, auf die Arbeiten von Kepler, Galilei und Newton anregend eingewirkt, so war gewiß auch die Reihe der im 15. Jahrhundert lebenden ausgezeichneten Mathematiker und Astronomen von dem Rheinländer Nicolaus von Cusa (Cauß) bis zu Peurbach und Regiomontanus auf den jungen deutschen Astronom Kopernikus (geb. 1473 in Thorn, gest. 1543 als Domherr zu Frauenburg in Ermland) von mächtiger Wirkung, dessen Geist sich an allen jenen deutschen Vorbildern entzündete. Der Gedanke an Regiomontanus' Ruhm, der damals nach allen Seiten hin befruchtend und anregend wirkte — auch i. J. 1539, wo Georg Joachim Rhäticus von Frauenburg den unter dem Namen der Prima Narratio bekannten ausführlichen Bericht an seinen väterlichen Freund Joh. Schoner in Nürnberg schickte, behaupteten die Mathematiker und Astronomen Nürnbergs noch immer den ersten Rang in Deutschland und vielleicht in Europa — erfüllte die feurige Seele des Jünglings Kopernikus, der später der Sonne ihren Platz anwies und der Erde ihren Lauf.

Eben so wenig ist Regiomontanus Miterfinder der um 1440 in Deutschland erfundenen Buchdruckerkunst gewesen, wie dies Petrus Ramus (in Scholis Math.

p. 64) u. A. andeuten (vergl. S. 24 u. 45). Wenn auch die Walther'sche Druckerei in Nürnberg wegen der Correctheit der in derselben gedruckten Bücher ausgezeichnet war, so hat Regiomontanus vermuthlich mehr Verdienste um die Erfindung besserer Typen als um die Kunst selbst gehabt. Ueberdies lehnt Regiomontanus das ihm vindicirte Verdienst selbst ab und eignet es anderen zu, indem er in der Vorrede seines Werkes des in Theoricas Planetarum des Gerhardi Cremonensis edirt sagt: Quis nescit mirificam illam formandi artem nuper a nostratibus excogitatam?

Auch ist Regiomontanus nicht, wie man gewöhnlich behauptet, der erste Erfinder der Ephemeriden, wie aus Regiomontanus' Bericht an den M. Christianum (s. Doppelm. S. 9) leicht zu ersehen. Die ersten Ephemeriden gab Purbach, der Lehrer des Regiomontanus, für die Jahre 1450—61 heraus. Auf der Bibliothek in Paris sollen sich u. A. Ephemeriden befinden, die auf das 1442. Jahr und andere mehr berechnet gewesen, demnach etwas älter als die von Regiomontanus wären (s. Journ. des Sçav 1702 p. 347 und P. Glaß in vita Regiom. p. 361). Auch soll eine schwäbische Ephemeride früher bestanden haben. „Ephemeriden gab es," wie Apelt S. 45, 43 und 46 bemerkt, „schon früher, aber Regiomontanus hat diesen astronomischen Jahrbüchern zuerst eine wissenschaftliche Form gegeben, die Himmelsbegebenheiten in fortlaufender Reihe aufgeführt und nicht blos vereinzelt nach ihrer Merkwürdigkeit herausgehoben. Auch waren seine in Nürnberg erschienenen Ephemeriden die ersten in Druck erschienenen. Sie geben unmittelbar eine Reihenfolge von Oertern des Himmelkörpers für gleich weit von einander abstehende Zeitpunkte eines und desselben Jahres, aus denen man ohne Schwierigkeit den Ort für jeden zwischenliegenden Zeitpunkt finden kann. Regiomontanus, der die Unrichtigkeit der Alphonsinischen Tafeln erkannt, hatte (welche die in dem genannten Umkreis von Erscheinungen **möglichen** Fälle enthalten, aus denen man den für einen bestimmten Zeitpunkt **wirklichen** Fall erst berechnen muß) und sie nur das Somnium Alphonsinum nannte, setzte 1473 an deren Stelle seine berühmten **astronomischen Ephemeriden**, welche eine weit leichtere und bequemere Form der Berechnung der Oerter der Himmelskörper gewährten, als die Tafeln."

Diese dem Könige Matthias Corvinus von Ungarn gewidmeten und von ihm mit 1200 Goldgülden honorirten Ephemeriden wurden gleich bei ihrem Erscheinen so begierig von allen die Wissenschaft liebenden Männern in Italien, England, Frankreich ꝛc. ergriffen, daß ein Exemplar mit 12 Dukaten bezahlt wurde und daß man sich glücklich schätzte, in einer Bibliothek auch nur Bruchstücke dieses Werkes zu sehen (Petr. Gassendi, Miscellanea T. V. p. 530). Und in der That leisteten sie der damaligen Welt einen großen Dienst, sind das Vorbild aller späteren ähnlichen

Schriften geworden und zeigen einen viel wissenschaftlicheren Charakter als ähnliche Versuche früherer Art. War Regiomontanus' Kalender als eine neue Idee von dem ausgebreitetsten Nutzen, der als der erste in seiner Art das Muster und Vorbild aller Kalender bis auf die neueste Zeit geworden, so behaupten die Ephemeriden in astronomischer Hinsicht unter den Meisterstücken des menschlichen Wissens, Scharfsinnes und Fleißes nach dem Urtheil der Sachverständigen wie Bailly u. A. den ersten Rang.

Regiomontanus nimmt nicht nur in der Geschichte der Astronomie, sondern vielmehr noch in der Culturgeschichte des deutschen Volkes überhaupt eine bedeutende Stelle ein. Werfen wir einen Gesammtblick auf das Leben und auf die Werke des Regiomontanus, so tritt uns, wie aus dem Vorhergehenden ersichtlich sein wird, dieser bedeutsame deutsche Mann in vier charakteristischen Eigenschaften entgegen:

1) als ein großer **Beförderer der griechischen Sprache und Literatur in Deutschland** vergl. S. 6, 7, 8, 9,

2) als ein großer Beförderer der **Mathematik**, der Algebra und Trigonometrie s. S. 7, 16, 36, 63, 64,

3) als ein großer Beförderer der **Mechanik** s. S. 50, 51, 52, 53,

4) als einer der bedeutendsten deutschen Astronomen als welcher er auch den ersten deutschen Kalender geschrieben hat, s. S. 28, 29, 30, 31.

Alle diese genannten Verdienste des Regiomontanus sind weltbekannt und dürfen nicht in Zweifel gezogen werden. Besonders die Autorität des Regiomontanus als **Astronom** kann in keiner Weise bezweifelt und bestritten werden; ja er ist in der That und ohne Widerspruch **einer der größten Astronomen** gewesen, welchen Europa hervorgebracht, wie M. Delambre in seiner Histoire de l'astronomie du Moyen âge. Paris 1819 p. 565 („Regiomontan était sans contredit le plus savant astronome qu'eût encore produit Europe") sehr richtig bemerkt. Regiomontanus, der sich seit des Ptolemäus Zeiten als einer der besten Köpfe in der Astronomie hervorgethan, ist nicht nur als der Vater der neueren Astronomie und Naturkunde zu betrachten, auf dessen Studien und Forschungen sich stützend spätere Astronomen uns die entfernteren Regionen der Schöpfung in ungleich späteren Zeiten vollkommen aufzuschließen vermochten, sondern auch als der **alleinige Wiederhersteller** der erhabensten und schwierigsten aller Wissenschaften, der **Astronomie**, zu preisen, wie dies von Gassendi, Bailly u. A. berühmten Männern anerkannt worden ist.

Alle diese und andere Verdienste sind unläugbare Thatsachen. Weniger bekannt und bisher nicht genug gewürdigt sind Regiomontanus' Verdienste um die epochemachenden geographischen Entdeckungen seines Jahrhunderts, die wir um so höher schätzen müssen, als er einer der Unsrigen gewesen, der tief im deutschen Binnenlande geboren ist. Auf Grund langjähriger Studien bin ich wenigstens zu der festen Ueberzeugung gelangt, daß Regiomontanus durch seine Verbesserung des **Astrolabiums**, durch seine Erfindung des **Jakobstabes** und vornehmlich durch seine **Ephemeriden** nicht nur geistig an den epochemachenden Entdeckungen seines Jahrhunderts betheiligt gewesen, sondern auch wesentlich zur Ausführung des Planes von Columbus, nach Westen zu segeln, beigetragen hat — mithin in erster Linie ebenso wie Martin Behaim zu den **Vorläufern des Columbus und geistigen Entdeckern Amerika's** zu zählen ist.

Meinen obigen Bemerkungen, daß Martin Behaim ein Schüler des Regiomontanus gewesen, dessen er sich selbst rühmte, will ich zuvörderst hier noch beifügen, daß die beiden Seefahrer Behaim und Columbus, wie auch Alexander v. Humboldt in s. kritisch. Unters. Bd. I. S. 229 bewiesen, sich gleichzeitig mit sehr wenig Unterbrechungen in den Jahren 1482 und 1484 in Lissabon befunden und sich mit nautischen Plänen beschäftigt haben. Was die persönlichen Verhältnisse zwischen denselben betrifft*), so ist es höchst wahrscheinlich, daß zwischen Beiden Beziehungen stattgefunden haben, obgleich sie durch

---

*) Columbus, 1456 geboren, soll schon 1470 in einem Alter von 14 Jahren zuerst nach Lissabon gekommen sein vergl. Ausland Nr. 50. 11. Dec. 1866: Ueber das Geburtsjahr des Columbus. Von Dr. Osc. Peschel.

nichts unmittelbar nachgewiesen werden können, wenn auch, wie schon oben bemerkt, Herrera sagt, daß Columbus in seinen Ideen über die geringe Entfernung der Ostküste von Asia durch seinen Freund Martin de Bohemia unterstützt und den Seeweg nach Ostindien gegen Westen aufzusuchen bestärkt worden.

In Erwägung, daß Martin Behaim aus Nürnberg der Schüler des Regiomontanus und mit Columbus bekannt gewesen; daß Behaim als Mitglied der Junta de Mathematicos angehört, welche nach Barros Dec. 1. Lib. 4. c. 2 vom König Johann II. beauftragt war, eine Methode anzugeben, nach der Sonnenhöhe zu schiffen (maneira de navegar per altura do Sul); daß Behaim das Astrolabium des Regiomontanus mit der stereographischen Horizontalprojection gekannt, solches wahrscheinlich bei der Junta vorgezeigt und sicher auf seinen späteren Reisen mit Diego Cano oder Cam geprüft hat und daß Behaim den von Regiomontanus erfundenen Jakobsstab in die portugiesische Marine eingeführt hat nach alledem wird die Annahme berechtigt sein, daß Columbus mit Hülfe der epochemachenden Arbeiten des Regiomontanus, dessen Ephemeriden er überdies nachweislich mit am Bord seines Schiffes hatte, und durch die zum speciellen Zwecke der Prüfung der Methoden unternommene Reise Martin Behaims seine große Idee der Entdeckung eines westlichen Contiñgents hat durchführen können. Bei den folgenden Reisen, bei denen wir schon ziemlich exacte Breiten in Westindien und in dem amerikanischen Continent niedergelegt finden, kann der Einfluß dieser Arbeiten kaum bezweifelt werden. Die in den Jahren 1500 und 1508 erschienenen Karten von de la Cosa und Ruysch beweisen jedenfalls, daß man Instrumente und Methoden gekannt haben muß, mit denen man annähernd Positionen hat nachweisen können.

Man weiß allerdings nicht, welche Instrumente Columbus auf seiner Reise benutzt hat; da aber von italienischen Instrumenten jedenfalls keine Rede ist, so müssen es **deutsche** Apparate und Methoden gewesen sein, solange es nicht erwiesen werden kann, daß Columbus italienische benutzt hat.

Da Columbus, der die **ersten Längen** für zwei westindische Orte astronomisch ermittelt, schon auf seiner ersten Reise eine bestimmte Breite angibt und nach Allem, was man darüber zusammenstellen kann, diese annähernde **Messung nicht durch Gießung** hat erlangen können, so muß er nothwendigerweise sich eines **Instrumentes zur Bestimmung und Beobachtung der Sonnenhöhe** bedient haben, um sich in der Breite zu orientiren, da bekanntlich durch den **Compaß** man wohl nach der Himmelsgegend steuern kann, der Seefahrer aber ungewiß bleibt, in welchen **Breitengraden** der Erdkugel er sich befindet.

Und welches Instrument wäre zu diesem Zwecke mehr geeigneter gewesen, als das von Regiomontanus verfertigte verbesserte Astrolabium und der von ihm erfundene Jakobsstab oder Gradstock, zumal auch die berühmten Ephemeriden Regiomontanus' dazu benutzt werden konnten — jene astronomischen Tafeln, in denen der Ort des Standes der Sonne und anderer Himmelskörper auf 32 Jahre (1474—1506) zum Nutzen der Seefahrer vorausberechnet war?

Ist auch das angeblich von Hipparchus (164—128 vor Chr. Geb.) erfundene und von Ptolemäus verbesserte Astrolabium — Ptolemäus spricht im dritten Kapitel des ersten Buches seiner Geographie von einem Instrument μετεωροσκόπιον, das ihm sehr gute Dienste zur Auffindung der Länge und Breite der Orte geleistet habe — im Alterthum und vielleicht auch später den Portugiesen bekannt gewesen, so ist doch sein Gebrauch, wie die damalige Küstenschifffahrt beweist, **auf das Land** beschränkt geblieben. Nach den Aussagen von Barros, Silvius, Maffei, Matthäus u. A. erstreckte sich die ganze damalige Schifffahrt der Seeleute nur längs der Küste.

Wenn auch Raymundus Lullus aus Majorca in seiner Arte de navegar zwei Jahrhunderte vor Behaim das Astrolabium beschrieben und schon in seinem i. J. 1295 verfaßten Buche: „Fenix de las maravillas del orbe" sagt, daß die Seefahrer seiner Zeit sich der Meßinstrumente, der Seekarten und der Magnetnadel bedienten (tenian los mareantes instrumento carta compas y aguja) und schon in der Mitte des 13. Jahrhunderts in der Marine der Catalaner und der Insel Majorca nautische Instrumente üblich waren, um die Zeit durch Sternhöhen zu finden und wenn auch die früheren Schifffahrten der Catalaner nach der Nordküste von Schottland und nach der Westküste des tropischen Afrika's, die Entdeckung der Azoren (Bracir-Inseln der Weltkarte von Picigano 1367) durch die Normänner u. s. w. uns erinnern, daß lange vor Columbus man den westlichen Ocean durchschiffte, so waren doch die Castilianer im Anfange des 15. Jahrhunderts noch schüchterne Seefahrer, die sich selbst im Mittelmeer ängstlich an den Küsten hielten*). In der Mitte des 15. Jahrhunderts, um dieselbe Zeit, wo der Portugiese Nonius den von Regiomontanus erfundenen Gradstock zum Beobachten auf der See beschreibt (Coimbra 1546), erschien in Spanien das seiner Zeit berühmte Werk von Medina über Steuermannskunst, in welchem das Astrolabium beschrieben wird.

„Das erste Land", sagt Barros**), „wo Vasco de Gama vor seiner Ankunft am Vorgebirge der guten Hoffnung anlangte, war die Bai, die wir jetzt St. Helena nennen, fünf Monate, nachdem er von Lissabon abgesegelt. Hier stieg er an das Land, um Wasser einzunehmen und zugleich die Sonnenhöhe zu messen. Denn da sich

---

*) Gesch. des Zeitalters der Entdeckungen. Von O. Peschel. S. 160.

**) Barros Asia Dec. I. Lib. IV. c. 2. nach Dr. Breusing's Uebersetzung in dessen obengenannter Abhandl.

die Seeleute dieses Reiches erst seit kurzer Zeit zu diesem Geschäfte des Astrolabiums bedienten und die Schiffe klein waren, so getraute er sich wegen des Schlingerns derselben nicht recht die Höhe an Bord zu nehmen, besonders mit einem hölzernen Astrolabium von drei Palmen Durchmesser, das man auf einem Dreifuße befestigte, um die Sonnenlinie besser bestimmen und die wahre Höhe jenes Ortes genauer und richtiger angeben zu können, obwohl man auch kleinere Astrolabien von Messing hatte. So einfach begann diese Kunst, die der Schifffahrt so sehr fruchten sollte. Und weil dieselbe in diesem Reiche zuerst auf die Schifffahrt angewendet wurde, so wird es nicht unpassend erscheinen, wenn ich (obwohl ich in meiner Geographie in dem ersten Buche diesen Gegenstand ausführlich behandele) berichte, wann und von wem sie erfunden wurde, da diese Arbeit nicht weniger lobenswerth ist, als die anderer neuerer Erfinder, welche zum Gebrauche der Menschen dienliche Sachen hergestellt haben. Zur Zeit, als der Infant Heinrich die Entdeckung von Guinea begann, geschah alle Schifffahrt längs der Küste, die sie zur Richtschnur nahmen; von dieser hatten sie ihre Kenntniß nach Zeichen, aus denen sie „Segelanweisungen" machten, wie man sie ähnlich noch jetzt in Gebrauch hat; und für jene Art zu schiffen genügte dies. Aber sobald sie die entdeckten Reiche so befahren wollten, daß sie die Küste aus dem Gesichte verloren und in die hohe See steuerten, erkannten sie, wie sehr sie sich in der Schätzung und Bemessung nach Tagfahrten, die sie auf ihre Weise dem Schiffe auf 24 Stunden Wegs beilegten, sowohl in Folge der Strömungen als anderer Geheimnisse, die das Meer birgt, dem Irrthum aussetzten, während die Sonnenhöhe den wirklichen Weg ganz zuverlässig angibt. Wie nun die Noth alle Künste lehrt, so vertraute der König Johann II. dieses Geschäft in seiner Zeit dem Meister Rodrigo und Meister Josepe, einem Juden, beide seine Aerzte, und einem Martin von Böheim an, der aus jenem Lande gebürtig war und sich rühmte, ein Schüler des Johannes Regiomontanus zu sein, eines unter den Kennern dieser Wissenschaft berühmten Astronomen. Diese erfanden nun diese Weise, nach den Meridianhöhen der Sonne zu fahren und machten hierüber Tafeln nach der Abweichung derselben, wie es jetzt unter den Seeleuten im Brauche ist und zwar genauer als zu Anfang, wo man sich noch dieser großen hölzernen Astrolabien bediente."

Da diese Aufgabe, den portugiesischen Seeleuten „das Fahren nach Sonnenhöhen" zu lehren, mithin Mittel an die Hand zu geben, wie man die Breite und Meridianhöhen der Sonnenhöhe bestimmen könne, zu ihrer Lösung die Kenntniß von zwei Größen, deren eine die **Mittagshöhe** und deren andere die **Abweichung der Sonne** ist, verlangt; die Alphonsinischen Tafeln — von denen des Regiomontanus ganz abgesehen — den Ort der Sonne damals aber schon so genau angaben, daß der Fehler sich nur nach Minuten berechnete, mithin in Hinsicht auf dieses astronomische Element, die Breitenbestimmung im Zeitalter der Entdeckung unmöglich um ganze Grade fehlerhaft hätte sein können, so mußte das Hauptaugenmerk der Junta auf die hauptsächlichste, man möchte sagen, die einzige Schwierigkeit gerichtet sein, die offenbar in der Beobachtung der Sonnenhöhe und in den zu der Höhenbeobachtung gebrauchten Instrumenten lag.

Die Berechnung der Tafeln für die Abweichung der Sonnenhöhe ist demnach wohl nicht die Hauptaufgabe der Junta gewesen, sondern die zu der Beobachtung der Sonnenhöhe gebrauchten Instrumente. Während die einfache, so vielfach mißverstandene Aufgabe der astronomischen Junta, wie Osc. Peschel in seiner Gesch. des Zeitalters der Entdeckungen S. 91 2c. annimmt, darin bestanden, daß Dom João II. dafür (zur genauen Kenntnißnahme des veränderlichen Standes der Sonne innerhalb der Jahreszeiten am Tage der Beobachtung) neue auch für die südliche Breite geltende Tafeln der Sonnenhöhe vorausberechnen ließ, sieht Dr. Brensing in der citirten Aussage des Barros den Gegensatz zwischen früher und jetzt allein in den angewandten Instrumenten, meint, daß nach Barros Aussage die Junta offenbar die Weise zu beobachten gefunden habe, wie sie zu der Zeit, wo Barros schrieb, unter den Seeleuten üblich war und diese jetzt gebräuchliche Weise den Vortheil der größern Genauigkeit vor der früher in Gebrauch gewesenen Beobachtung mit Hülfe von Astrolabien habe und gelangt zu dem Schluß, daß Martin Behaim das Instrument des Regiomontanus, den Gradstock, in die portugiesische Marine eingeführt habe. „Es ist nicht unwahrscheinlich," fährt er fort, „daß die beiden ersten (Rodrigo und Josepe, der Jude) das damals schon gebräuchliche Astrolabium empfahlen und die größere Genauigkeit durch die Vergrößerung des Instruments erzwingen wollten, denn bei größerem Halbmesser war allerdings eine genauere Ablesung möglich. Bisher waren sie aus Messing gemacht, aber wegen des sonst zu großen Metallgewichts nur in kleinerem Maßstabe ausgeführt. So schlugen sie denn hölzerne Astrolabien vor, und als Vasco de Gama seine Reise antrat, nahm er, außer den gewöhnlichen kleineren messingenen Astrolabien, auch ein größeres hölzernes an Bord. Aber auf See ließ sich ihre Genauigkeit nicht vergleichen. Ihr Grundübel lag darin, daß sie auf dem schwankenden Schiffe, selbst wenn sie in freier Hand gehalten wurden, fortwährend hin- und herschwankten. Wurde nicht die genaue Ablesung des größeren Instruments durch dessen größere Schwankungen wieder aufgehoben? Um dies zu untersuchen, nahm er in der Nähe der St. Helena-Bai einige Mittagshöhen auf See und stieg dann an das Land, wo der feste Boden eine sichere Aufstellung gestattete. Und hier fand er, was er nicht anders finden konnte, daß die Beobachtungen,

welche er in See mit dem großen Astrolabium gemacht
hatte, ebenso, wenn nicht noch ungenauer waren, als die
mit den kleineren. War Behaim's Vorschlag auf Ein=
führung des Gradstocks vorher nicht durchgedrungen,
nach diesen Erfahrungen mußte man sich entschließen,
Versuche damit anzustellen. Die Uebung ließ seine großen
Vorzüge erkennen und Portugal erwarb sich das Verdienst,
das neue Instrument zuerst in die Schifffahrt eingeführt
zu haben."

Aus all' dem Gesagten ersehen wir unzweifelhaft,
daß Barros in seinem Bericht nicht ganz klar ist
und daß derselbe mannigfachen Auslegungen unterworfen
werden kann. Auch dürfte nicht zu übersehen sein, daß
die Geschichte der Portugiesen in Ostindien, die den
Titel „Asia" führt, bloß in ihren ersten Decaden
(Lissabon 1552—1563. 3 B.) von Barros herrührt
— die Fortsetzung bis zur 12. Decade lieferte Diego
de Couto —, daß mithin Barros seinen Bericht 68 Jahre
später publizirt hat, als Behaim Mitglied der Junta
gewesen. Wenn wir auch nicht der Meinung sind, daß
Martin Behaim ein Astrolabium selbst erfunden resp.
angefertigt, weil er noch zu jung gewesen, oder ein großes
Astrolabium an den Mast befestigt hätte, vielmehr über=
zeugt sind, daß Behaim das Astrolabium des Regiomon=
tanus mit der stereographischen Horizontalprojection der
mathematischen Kommission in Lissabon — ebenso wie
den Jakobsstab des Regiomontanus — vorgezeigt hat,

so wird es doch von chronikalischem Interesse sein, folgende auf das Astrolabium bezüglichen Aussagen und Meinungen bekannter Schriftsteller hier anzuführen.

„Für gewiß kann angenommen werden," sagt Francisco de Borja Garcão-Stockler in Portugal über Martin Behaim*), daß dieser deutsche Astronom, unterstützt von zwei anderen Portugiesen mit Namen José und Rodrigo ... der Erfinder des Astrolabiums war, welches wir das nautische nennen können, um es von dem im Almagestus von Ptolemäus beschriebenen Astrolabium und von den äquatorischen Himmelskugeln (?) des Tycho de Brahe zu unterscheiden, welche Einige auch Astrolabien nennen, Instrumente, deren sinnreiche Einrichtung wahrscheinlich zur Erfindung jenes andern beitrug, das unsere Astronomen erdachten, um damit auf der See die Höhe der Sonne am Horizont zu beobachten. Es war dieses Astrolabium um so nöthiger für die Fortschritte in der Schifffahrt, als ohne ein für diese Art von Beobachtungen geeignetes Instrument selbst die Kenntniß, daß man durch die Höhe der Gestirne die Breite irgend eines Ortes genau bestimmen könnte, für die Schifffahrt unfruchtbar gewesen wäre."

„Wie die Anwendung der Astronomie — heißt es in Humboldt's Kosmos II. S. 295 und 296 — auf die Schifffahrtskunde durch den von Andalone del Nero,

---

*) Ensaio historico sobre a originem e progressos das mathematicas em Portugal. Paris 1819.

Joh. Bianchini, Regiomontanus u. A. schon im 13. und 15. Jahrhundert ausgeübten Einfluß vorbereitet war, so erhielten auch die Astrolabien zur Bestimmung der Zeit und der geographischen Breite durch Meridianhöhe, anwendbar auf einem immer bewegten Elemente, allmälige Vervollkommnung; sie erhielten sie von dem Astrolabium der Piloten von Majorca an, welches Raymund Lullus in dem Jahre 1295 in seiner Arte de navegar beschreibt, bis zu dem, was Martin Behaim 1484 in Lissabon zu Stande brachte und das vielleicht nur eine Vereinfachung des Meteoroscops*) seines Freundes Regiomontanus war.... Der Name des Astrolabion, welches Martin Behaim an den großen Mast befestigte, gehört ursprünglich dem Hipparch."

„Regiomontanus," sagt Humboldt in s. krit. Unters. I. 224, 221; II. 295, „war damals berühmt durch die Erfindung seines Meteoroscopes und das Astrolabium

---

*) Das Meteoroscop, obgleich der Horizont auch in 360 Grade eingetheilt, ist seinem Zwecke nach wesentlich vom Astrolabium verschieden, indem es kein Meßinstrument ist, wenn es auch die älteren Schriftsteller mit dem Astrolabium verwechselt zu haben scheinen. An die Stelle des verschollenen Regiomontan'schen Astrolabiums, welches keine weitere Ausbildung erfahren zu haben scheint, ist eigentlich der Theodolith getreten, der freilich nur zu Landbeobachtungen gebraucht werden konnte. Der Sextant ist übrigens auch dem Astrolabium verwandt, weil er den Winkel nach Graden giebt, aber das Wesentliche des Sextanten ist und bleibt, daß er Winkel durch Spiegelungen mißt, ohne einen festen Standpunkt nöthig zu haben.

von Behaim, welches an den großen Mast des Schiffes befestigt wurde, war vielleicht nur eine vereinfachte Nachahmung desselben. Man findet Martin Behaim zu Lissabon mit der Erbauung eines Astrolabiums beschäftigt, welches von großer Wichtigkeit für die Seefahrer geworden ist." Auch im 2. Bande des Kosmos S. 300 spricht sich Humboldt dahin aus, daß Columbus bei Durchschiffung des westlich von dem Meridian der azorischen Inseln noch ganz unerforschten Meeres zur Ortsbestimmung das neu vervollkommnete Astrolabium angewandt hat.

„Das Astrolabium," sagt unser berühmter Geograph Karl Ritter,*) „war den Portugiesen zwar nicht ganz unbekannt, aber zu plump und zu groß und auf dem schwankenden Schiffe unbrauchbar. Noch war sein Gebrauch bisher auf das Land beschränkt geblieben. Martin Behaim, der in den mechanischen Werkstätten der Nürnberger, die damals die besten Bussolen für alle Seefahrer Europa's lieferten, aufgewachsen, erfand ein feineres Astrolabium, das man als Pendel an den Mastbaum so befestigen konnte, daß es durch seine eigene Schwere bei mäßigen Schwankungen des Schiffes doch noch seine senkrechte Richtung beibehielt. Nach Andern hatte schon Regiomontanus ein

---

*) Geschichte der Erdkunde und der Entdeckungen. Vorlesungen an der Universität zu Berlin gehalten von Karl Ritter. Herausgegeben von H. A. Daniel. Berl. G. Reimer. 1861. S. 254 u. 255.

solches Instrument gefertigt und Behaim wies es nur bei der Kommission vor. Die Anwendung des neuen Astrolabiums gab nun die glänzendsten Resultate, zumal da auch die berühmten Ephemeriden des Regiomontanus dazu benutzt werden konnten. Alle großen Seefahrer der damaligen Zeit, wie Columbus, Vasco de Gama, Cabot, Magalhaens haben durch Benutzung des Astrolabiums ihre Entdeckungen zu Stande gebracht." Endlich schreibt auch Dr. F. W. Ghillany in seinem ausgezeichneten Werke über Behaim*) — jedenfalls das Beste und Ausführlichste, was überhaupt über diesen Seefahrer publicirt worden ist — Folgendes: „Ptolemäus spricht im dritten Kapitel des ersten Buches seiner Geographie von einem Instrument, das ihm sehr gute Dienste zur Auffindung der Länge und Breite der Orte geleistet habe. Er nennt dieses Instrument μετεωροσκοπιον. Regiomontanus construirte ein ähnliches Instrument, von welchem er behauptete, daß es so ziemlich dasselbe sei, dessen sich Ptolemäus bedient haben müsse. Er beschreibt dieses Meteoroscopium in einem Briefe an den Cardinal Bessarion, der sich am Schlusse einer Ausgabe von Petri Apiani introductio geographica in Verneri annotationes

---

*) Geschichte des Seefahrers Ritter Martin Behaim nach den ältesten Urkunden bearbeitet von Dr. F. W. Ghillany. Eingeleitet durch eine Abhandlung über die ältesten Karten des neuen Continents und den Namen Amerika von Alexander von Humboldt. Nürnberg 1853. S. 39 u. 40.

excus. Ingolst. 1533 findet. Es wäre möglich, daß Behaim dieses Instrument bei der Kommission in Vorschlag gebracht hätte. Wahrscheinlicher aber ist es, daß er derselben ein verbessertes aus Metall gefertigtes, zum Aufhängen eingerichtetes Astrolabium empfohlen habe, wie sie schon damals Regiomontanus gebrauchte... Ohne Zweifel ist es dieses Instrument gewesen, welches Behaim bei der Kommission in Vorschlag brachte und dessen sich hernach alle jene großen Seefahrer, wie Columbus, Vasco de Gama, Cabot, Magalhaens 2c., bedienten."

Bei der Annahme von Humboldt, Ritter, Ghillany u. A., daß das vereinfachte Meteoroskop des Regiomontanus oder ein verbessertes Astrolabium von Martin Behaim, dem Schüler des Regiomontanus, i. J. 1484 der Kommission oder Junta de mathematicos in Lissabon vorgelegt worden, kann dasselbe vor dem genannten Jahre 1484 kein verbreitetes gewesen sein und ist wohl zuerst auf Behaims afrikanischen Reisen (1484—1486) und dann später auf den Reisen des Amerigo Vespucci (1497) und Vasco de Gama (8. Juli 1497 bis 29. August 1499) in Gebrauch gewesen. Da Martin Behaim die Expedition des Diego Cano oder Cãm auf Befehl des Königs Johann von Portugal als Astronom (nach Anderen, z. B. nach Hartmann Schedel, als Patron oder Befehlshaber eines Schiffes, s. Buch der Chroniken) auf seiner Entdeckungsreise längs der Westküste Afrikas begleitet und mit Hülfe dieses Astrolabiums schnell nach einander

280 geogr. Meilen von Nord nach Süd zurückgelegt hat, so ist unzweifelhaft, daß das der Kommission angeblich vorgelegte verbesserte Astrolabium auf dieser Reise angewendet worden. Dies geht u. A. auch daraus mit Bestimmtheit hervor, daß, wie der berühmte italienische Jesuit Maffei berichtet*), diesem Meteoroscop oder verbesserten Astrolabium die Portugiesen zuschrieben, daß Jacob Canus (Diego Cano?) glücklich über die Linie kam und das Königreich Congo entdeckte und daß, wie Trigozo**) berichtet, Martin Behaim in Diego Cano's Begleitung von seiner afrikanischen Reise, die sich bis über das Cap Frio hinaus zum 22. Grad südlicher Breite erstreckt hätte, zufrieden mit seinen Instrumenten und würdig für solche Dienste die gebührende Belohnung zu empfangen, zurückgekehrt sei. Mit Hülfe eines solchen Instrumentes war es auch, wie Amoretti sagt, dem Amerigo Vespucci gelungen, den Ort seines Schiffes, das durch einen Sturm verschlagen worden war, mitten im atlantischen Ocean (?) zu bestimmen, wozu er eine Bedeckung des Mars vom Monde benutzte, die Regiomontanus selbst für den Meridian von Ferrara berechnet hatte („valendosi d'una congiunzione della

---

*) Hist. rer. indic. I. p. 11. Vergl. auch: Le istorie dell' indie oriental del P. Gio. Petro Maffei I. 17. 19. 20.
**) Sebastião Francisco de Mende Trigozo. Aus den Medorias de litteratura l'ortugueza publicadas pela Academia real mas sciencas de Lisboa, tom VIII. Lisboa.

Luna con Marse, calcolata già dal Regiomontano medesimo pel meridiano di Ferrara, seppe, dissi, argomentare in qual luogo la nave trovarasi*). Humboldt hat diese von Vespucci gemachte Beobachtung einer Conjunction des Mars vom 23. August 1499 (es ist nicht gesagt, auf welchem Punkt der Küste) nach den von dem Florentinischen Seefahrer angeführten Ephemeriden des Regiomontanus geprüft und gefunden, daß nicht der geringste Zweifel darüber obwalten kann, ob das erwähnte Phänomen zur angegebenen Zeit eingetreten sei oder nicht. Die Ephemeriden des Regiomontanus für die Jahre 1484—1505 setzen diese Conjunction gerade auf Mitternacht. Sie sind für den Meridian von Nürnberg berechnet, welche Stadt, obgleich sie 2′ 8′ (Zeit) östlich von Ferrara liegt, eben so wie Mailand, Erfurt und Braunschweig damals als unter demselben Meridian gelegen betrachtet wurde.**)

Die Wichtigkeit des Astrolabiums für die damalige Zeit geht übrigens auch schlagend aus dem Briefe Vespucci's an Medici über die dritte Reise hervor, indem er u. A. sagt: „Wir wären ohne Ziel umhergeirrt (vagabondi), wenn ich nicht mit Hülfe des Astrolabiums und des Quadranten (quadrante astrologica)

---

*) Amoretti's Vorrede zu Pigafetta's Schrift über die Schifffahrt S. 266, f. Primo Viagio fatta del Cabaliere Antonio Pigafetta. Milano p. 208.

**) Humboldt: Krit. Unters. II. 505 und 512.

für meine und meiner Gefährten Rettung gesorgt hätte." In einem anderen Briefe vom Grünen Vorgebirge den 4. Juli 1501 schreibt Vespucci: „Durchgängig habe ich die Breite mit dem Astrolabium und dem Kreisquadranten nach eigenen Beobachtungen bestimmt." Auch in der Verhaltungsanweisung vom 22. März 1508 wird Vespucci beauftragt, die Steuermänner „über den Gebrauch des Astrolabiums und des Quadranten zu examiniren", welche Anweisung gewiß für die Wichtigkeit des noch nicht lange eingeführten Astrolabiums sprechen dürfte. Im Uebrigen — und dieser Bemerkung in Bezug auf Amerigo Vespucci möchten wir hier noch Worte geben — ist es eine Lüge, wie schon Schoner in Nürnberg i. J. 1533 bemerkt, und wie auch Humboldt in seinem Kosmos II. S. 339 nachgewiesen hat, daß Vespucci die Worte „Terra di Amerigo" listig in die von ihm umgeänderten Küstenkarten eingeschrieben hat. Der Name „Americi terrae" ist schon 1507 von dem Geographen Waldseemüller oder, wie er sich nach der damaligen Gelehrtensitte gräcisirt nannte, Martinus Hylacomylus aus Freiburg im Breisgau (Vorsteher einer Druckerei zu St. Dié in Lothringen) in einer kleinen Weltbeschreibung für den neuen Continent vorgeschlagen und der Neuen Welt für alle Zeiten beigelegt worden.

Columbus suchte, bemerkt v. Humboldt, krit. Unters. II. 6, indem er ein durchaus unbekanntes Meer durchlief und die Richtung seines Weges aus den Sternen mit Hülfe des Astrolabiums erforschte, das erst kurz zuvor erfunden worden war, Asien auf dem Wege gegen Westen nach einem beschlossenen Plan, nicht als Abenteurer, welcher sich nach Gutdünken dem Zufall überläßt. Columbus ist bekanntlich auch in dem festen Glauben gestorben, die Küsten von Asien aufgefunden zu haben. Die Idee, Amerika entdeckt zu haben, ist ihm bis zu seinem Tode fremd geblieben. Columbus war dergestalt mit der Idee erfüllt (s. Kosmos II. 304), daß Cuba ein Theil des Continents von Asien, ja das südliche Kathai (die Provinz Mango) sei, daß er am 12. Junius 1494 die ganze Mannschaft seines Geschwaders schwören ließ, „sie seien davon überzeugt, man könne von Cuba nach Spanien zu Lande gehen" (venir de España por tierra); wer von denen, welche es jetzt beschwören, einst das Gegentheil zu behaupten wagte, würde den Meineid mit 100 Hieben und dem Ausreißen der Zunge zu büßen haben." (Informacion del escribano publico Fernandez Perez de Luna in Navarrete: Viages y descrubimientos de los Españoles T. II. p. 143—149.) Als Columbus auf der ersten Expedition sich der Insel Cuba nähert, glaubt er sich gegenüber den chinesischen Handelsplätzen Zaitun und Quinsay, will Briefe der katholischen Monarchen an den großen Mongolen-Chan (Gran Can) in Kathai abgeben und sendet einen Juden, Luis de Torres, ans Land, weil dieser Hebräisch, Chaldäisch und etwas Arabisch versteht, was in den asiatischen Handelsplätzen gebräuchliche Sprachen sind. Wenn er so den ihm gegebenen Auftrag erfüllet, wolle Columbus sogleich nach Spanien, sei es zur See über Ceylon und rodeanto toda la tierra de los Negros oder zu Lande über Jerusalem oder Jaffa zurückkehren.*) Noch 1533 behauptet der Astronom Schoner, daß die ganze sogenannte Neue Welt ein Theil von Asien (superioris Indiae) sei und daß die von Cortez eroberte Stadt Mexiko (Temistitan) nichts anderes sei als die chinesische von Marco Polo so übermäßig gerühmte Handelsstadt Quinsay.**)

In dem berühmten Schiffsjournal des Columbus, in dem oft des Streites mit Alonzo Pinzon über die Länge des zurückgelegten Weges seit der Abfahrt von Palos sowie der gebrauchten Sanduhren (ampolletas) gedacht wird, wird weder das Log, la corredera noch das Astrolabium erwähnt. Bei der Voraussetzung, daß Columbus diese Instrumente gekannt haben muß und sie als schon sehr gewöhnliche Mittel nicht zu nennen nöthig erachtet hat, wie z. B. Marco Polo nicht des Thee's und der chinesischen Mauer erwähnt hat, so kann dieses Stillschweigen nicht verwundern, wenn es sich eben um eine längst bekannte Sache handelt. Daß Columbus

---

*) Reisejournal des Columbus von 1492 in Navarrete Viajes I. 37, 44 und 46.

**) Ioannis Schoneri Carlostadii Opusculum geographicum. Norimb. 1533. Pars. II, cap. 1—20.

auf seiner Reise zur Ortsbestimmung das neu vervoll=
kommnete Astrolabium angewandt hat, dafür spricht
sich u. A. Humboldt in s. Kosmos II. S. 300 aus,
wie wir schon oben bemerkt.

Wir haben hier der Vollständigkeit wegen alle die
obigen Angaben der betr. Schriftsteller in Bezug auf
das Astrolabium zusammengestellt, ohne auf die vielbetonte
Verbesserung des Astrolabiums durch Regiomontanus selbst
näher einzugehen, die auch auffallender Weise von keinem
der oben genannten Schriftsteller näher angedeutet wird.
Worin hat nun diese angebliche Verbesserung bestanden? Um
diese Frage strikte beantworten zu können, muß darauf hinge=
deutet werden, daß das Wort „Astrolabium" einen doppelten
Sinn hat. Unter Astrolabium verstand man, womit
auch die mir gewordenen brieflichen Mittheilungen
Dr. Brensings übereinstimmen, zur Zeit des Regiomon=
tanus das, was man jetzt stereographische Projection der
Kugeloberfläche in der Ebene nennt. Diese Projection
diente, auf Messing gezeichnet, zur graphischen geometri=
schen Auflösung sphärischer Aufgaben, da die Rechnung
— der reine Calcül — vor Ausbildung der Trigono=
metrie mit großen Schwierigkeiten verknüpft war. Wir
haben über diese stereographische Projection ein Werk von
dem berühmten Astronomen Ptolemäus. Dasselbe be=
handelt sie aber nur als Polarprojection. Regio=
montanus' Verbesserung bezieht sich wohl darauf, daß
er der Erste gewesen, der sie auch als Horizontal=

projection entworfen hat. Diese Projection hat Regiomontanus verbessert, nach ihm haben Stöffler und Gemma Frisius (Astrolabium catholicum) dieselbe beschrieben.

Aus dem Alterthume haben wir neben anderen werthlosen Methoden die Kugeloberfläche in der Ebene darzustellen oder zu projicieren (ich nenne das: Verebenen der Kugeloberfläche) die folgenden drei höchst wichtigen überkommen, die wir jetzt 1) die Centralprojection, 2) die orthographische Projection, 3) die stereographische Projection nennen. Diese Namen haben sie früher nicht geführt; ursprünglich hießen sie 1) Horoscopium, 2) Analemma, 3) Planisphaerium. Ueber die beiden letzteren sind uns noch Werke des großen Astronomen und Geographen Ptolemäus erhalten, leider nicht in der Ursprache, sondern in lateinischer Uebersetzung, die erst wieder aus dem Arabischen übersetzt ist. Der Name „stereographische Projection" rührt vom Jesuiten Francois Aguillon her und findet sich zuerst in dessen „Opticorum libri VI. Antwerp. 1613. Erfunden ist sie vom großen Astronomen Hipparch, wie uns Synerius in seiner Schrift „De dono Astrolabii" berichtet (Synerii opera ed. Petau. Lutetiae 1612. Fol. pag. 310, B.). Aber der Ausdruck Planisphaerium ist noch in Gebrauch bei unseren Astronomen. Wenn man die Weltkugel in „Zwei Planisphären" darstellt, so heißt das in: „zwei stereographische Projectionen", wie man solche in jedem Atlas, z. B. dem Stieler'schen, findet. Diese zwei Planisphären sind zuerst gegeben von Gemma Frisius und dann durch Mercator allgemein geworden.*) Wenn es also um 1500 heißt: Regiomontanus habe das Astrolabium verbessert, so heißt das in unserer jetzigen Sprachweise: Regiomontanus hat die stereographische Projection verbessert. Und worin hat diese Verbesserung bestanden? Wir haben früher bemerkt, daß die „stereographische Projection" des Ptolemäus, um bei dieser Benennung zu bleiben, lediglich eine „polare" ist. Man unterscheidet bekanntlich bei allen jenen Projectionen 1) eine polare, wo das Auge im Pole ist, 2) eine äquatoriale, wo das Auge im Aequator ist, 3) eine horizontale oder zenithale, wie man jetzt lieber sagt, wo das Auge sich im Standpunkte des Beobachters auf der Erde oder am Himmel befindet. Die Erdkugel in „Zwei Planisphären", wovon ich oben sprach, ist eine äquatoriale stereographische Projection. Regiomontanus hat, wie ich glaube, zuerst die horizontale stereographische Projection gelehrt. Mich bestärkt darin, daß Werner

---

*) S. Joannes Stoflerinus Justingensis in: Elucidatio Fabricae ususque Astrolabii. Oppenheim 1513. Fol. sagt Fol. XXX verso.

„Ptolemaeus appellat Astrolabium planam sphaeram aut planisphaerium ex eo, quod ut sphaera extensa in plano."

Jordanus de planisphaerii figuratione, Venetiis 1558 apud Aldum sagt im Anfange: „Sphaeram in plano describere planisphaerium sive astrolabium nominamus."

aus Nürnberg (1514), der auch anderes von Regiomontanus entnommen hat, bekanntlich zuerst die horizontale stereographische Projection für Landkarten bekannt gemacht und empfohlen hat. Dann aber spricht für diese Behauptung ganz entschieden, daß auf dem von Regiomontanus i. J. 1468 noch in Italien oder Wien jedenfalls lange vor seiner Ankunft in Nürnberg angefertigten und noch jetzt auf der Nürnberger Stadtbibliothek aufbewahrten Astrolabium die stereographische Horizontalprojection angewandt ist, wie dies auch aus der Abbildung dieses merkwürdigen Astrolabiums in dem obengenannten Ghillany'schen Werke über die „Geschichte des Seefahrers Ritter Martin Behaim" ganz klar zu ersehen ist, wenn auch auffallenderweise Dr. Ghillany diese wichtige stereographische Horizontalprojection des Regiomontanus nicht erwähnt und betont hat.

Diese Verbesserung des Astrolabiums durch Regiomontanus ist kein geringes Verdienst, denn durch diese Verbesserung wurde das Astrolabium ein vorzügliches Instrument, welches nicht bloß geeignet war, die Höhe der Sonne oder Sterne zu messen, sondern auch ein Mittel bot, diese Beobachtungen sogleich zu benutzen, um durch die gezeichnete stereographische Horizontalprojection die geographische Ortsbestimmung festzustellen. Die Wichtigkeit dieses Messungsinstrumentes für die Vervollkommnung der Seeschifffahrt ist in die Augen springend und braucht nicht näher besprochen zu werden. Die stereographische Projection diente früher und dient auch noch (englische Werke lehren es) zur Auflösung sphärischer astronomischer Aufgaben durch Zeichnung statt durch trigonometrische Rechnung. Die Logarithmen, die man zur Zeit des Regiomontanus noch nicht gehabt, haben damit nichts zu thun; denn die Trigonometrie war vollständig ausgebildet, ehe die Logarithmen erfunden wurden; diese waren wieder nur eine Erleichterung der trigonometrischen Rechnungen. Die von Regiomontanus gezeichnete stereographische Horizontalprojection diente dazu, die Frage aus der sphärischen Astronomie graphisch zu lösen und verschiedene Fragen, die sich auf die Navigation beziehen und die zur sphärischen Astronomie gehören, wurden immer graphisch gelöst.

In dieser stereographischen Horizontalprojection hat demnach die sog. Verbesserung des Astrolabiums durch Regiomontanus bestanden, nicht aber, wie man anzunehmen geneigt ist, in einer Verbesserung des Instrumentes selbst. Mit dem Astrolabium als stereographischer Projection war ein Alhidade verbunden, mit Dioptern versehen, um Winkel zu messen; nebenbei war also dasselbe auch ein Winkelmeßinstrument. Aber an dieser einfachen Vorrichtung ist nie etwas zu verbessern gewesen und daran hat auch Regiomontanus nichts verbessert.

Aus all' dem Gesagten geht hervor, daß Regiomontanus ein dem ptolemäi'schen Meteoroscop ähnliches Instrument verfertigt hat (s. Brief des Regiomontanus an den Cardinal Bessarion in der Ausgabe von Petri Apiani introductio geographica in Verneri annotationes excus. Ingolst. 1533.), daß er auch „Astrolabien" hergestellt, wie die aus seiner Werkstatt hervorgegangenen und noch jetzt auf der Nürnberger Stadtbibliothek aufbewahrten Instrumente dieser Art beweisen, daß er auf seinen Astrolabien die stereographische Projection verbessert, indem er auf demselben zuerst die stereographische Horizontalprojection angewandt hat und daß sein Schüler Martin Behaim dieses für die Seeschifffahrt damals wichtige Instrument der mathematischen Junta in Lissabon eben so gut vorgezeigt und empfohlen haben kann, als dieß der mit den nautischen Kenntnissen der Catelaner und Majorcaner vertraute Rodrigo und der in den astronomischen Schriften der Araber bewanderte Jude Josepe mit dem damals gebräuchlichen Astrolabium (ohne stereographische Horizontalprojection) gethan.

Martin Behaim, der Schüler des Regiomontanus, hat aber nicht nur das Regiomontan'sche Astrolabium mit der verbesserten stereographischen Projection der mathematischen Kommission in Lissabon vorgelegt, sondern auch den von Regiomontanus erfundenen Jakobsstab in die portugiesische Marine eingeführt, wie aus Folgendem hervorgehen wird. Ohne daher auf die „vielumstrittene Astrolabiumfrage" zu großes Gewicht legen zu wollen, die überdieß für den Ruhm des Regiomontanus von keiner entscheidender Bedeutung ist, wird es von größerer Wichtigkeit sein, nachzuweisen, daß Regiomontanus den Gradstock oder Jakobsstab erfunden und Behaim, sein Schüler, dieses Instrument des Regiomontanus in die portugiesische Marine eingeführt hat. Dr. Breusing, Director der Steuermannsschule in Bremen, hat in seiner vortrefflichen Abhandlung „Zur Geschichte der Geographie. Regiomontanus, Martin Behaim und der Jakobsstab.*) diesen Beweis streng wissenschaftlich zu führen versucht und ist dabei von folgenden Voraussetzungen ausgegangen.

Anknüpfend an eine Stelle in der Asia des João Barros Dec. I. Lib. IV. b, die darauf hindeutet, daß die indischen Steuerleute Höhenmessungen der Gestirne gekannt, aus der aber nicht, wie einige namhafte Geographen versucht haben, gefolgert werden kann, daß das Astrolabium und der Jakobsstab im indischen Ocean bei Ankunft der Portugiesen bereits bekannt gewesen oder daß Vasco de Gama den bei arabischen Indienfahrern in Gebrauch gewesenen Jakobsstab 1499 nach Europa gebracht hätte, weist Dr. Breusing nach, daß die Seefahrer des Rothen Meeres und des Indischen Oceans weder das Astrolabium noch den Jakobsstab gehabt und daß Vasco de Gama um so weniger nöthig hatte, den Gradstock nach Europa zu bringen, als dieser dort schon seit

---

*) Zeitschr. d. Gesellsch. f. Erdk. Bd. IV.

einem Menschenalter benutzt wurde und daß sein Erfinder
kein geringerer als Regiomontanus gewesen. Die genaue
und verständliche Beschreibung dieses Jakobsstabes (ba-
lestilha ist der portugiesische Name für den Jakobsstab,
der bei den deutschen Seefahrern „Gradstock", bei den
englischen cross-staff, bei den französischen arbalète
hieß) gibt Regiomontanus in der von ihm, wie man
glaubt, bei Gelegenheit des im Jahre 1472 erschienenen
großen Cometen verfaßten, von uns schon früher ange=
führten Schrift,*) die von Joh. Schoner zuerst 1531
allein und dann später mit mehren anderen Schriften des
Regiomontanus vereinigt noch einmal im Jahre 1544
herausgegeben wurde.

Regiomontanus, der zuerst die Cometen in den
Kreis astronomischer Bestimmungen hineingezogen und
bei seiner Anwesenheit in Nürnberg (1471—1475) Ge=
legenheit hatte, bei Beobachtung des i. J. 1472 erschie=
nenen Cometen Untersuchungen über die Parallaxe dieser
Himmelskörper anzustellen, sagt in dieser erwähnten Schrift
im Probl. XII.:

„Um den scheinbaren Durchmesser eines Cometen
zu bestimmen, nehme man einen glatten Stab AB und
theile ihn von A aus in gleiche Theile, je mehr desto
besser. Befestige an ihm unter rechtem Winkel verschieb=

---

*) Joannis de Monteregio: De cometae magnitudine longi-
tudineque ac de loco ejus vero problemata XVI.

bar einen Querstab CD, deſſen beide Arme gleich lang sein müſſen. Theile ihn genau in eben ſolche Theile, wie ſie auf dem Stabe AB eingeſchnitten ſind; befeſtige in den Punkten A und C und D drei Viſiernadeln und das Inſtrument iſt fertig. Die Beobachtung aber geſchieht ſo: Lege das Ende A an das rechte Auge, ſchließe das linke, richte den Längsſtab AB auf den Mittelpunkt des Cometen und verſchiebe den Querſtab, bis er den Durchmeſſer des Cometen gerade deckt. Darauf lies die Anzahl der Theile ab, welche zwiſchen dem Punkte A und dem Querſtabe CD liegen und gehe damit in eine eigens dafür beſtimmte Tafel ein, deren Berechnung ich an einem anderen Orte erklären werde, und Du findeſt den Durchmeſſer des Cometen."

„Dieſe Beſchreibung des Grabſtockes, ſagt Dr. Breuſing, iſt ſo verſtändlich, daß es nicht einmal nöthig erſcheint, die Figur beizufügen, die der lateiniſche Text enthält. Nur mag erwähnt werden, daß Regiomontanus den Querſtab in 210 Theile theilt und daß die Theilung auf dem Längsſtabe bis zu 1300 geht. Was die erwähnte Tafel betrifft, ſo unterliegt es wohl kaum einem Zweifel, daß damit die Tafel der trigonometriſchen Tangenten gemeint iſt, auf der ja die Berechnung der Winkel bei dieſen Inſtrumente beruht und die unter dem Namen: „Tabula fecunda" von Regiomontanus in die Wiſſenſchaft eingeführt iſt. Wenn aber dieſe Schrift über den Cometen wirklich erſt im Jahre 1472 abgefaßt iſt, so muß die Erfindung des Gradstockes doch schon früher fallen. Denn in den von Schoner im Jahre 1544 herausgegebenen Beobachtungen Regiomontan's findet sich unter dem Jahre 1471:

Die 9. Septembris mane Mars ab humero dextro Orionis 210: 674; a capite Gemini praeced. und septentr. 210: 622, wo die Zahl 210 die des Querstabes am oben beschriebenen Gradstocke ist. Es geht aus dieser Beobachtung zugleich hervor, daß Regiomontanus mit dem Jakobsstabe keineswegs bloß den Durchmesser des Cometen gemessen hat, sondern daß er ihn schon zu der noch von Tycho de Brahe häufig angewendeten Ortsbestimmung eines Gestirnes durch Messung seines Abstandes von zwei anderen benutzte."

Regiomontanus hatte selbst dem Instrument keinen Namen gegeben. Auch ist unbekannt, woher der Name Jakobsstab genommen sein mag. Dieses Instrument (Winkelmesser) nennt Bernhard Walther rectangulum astronomicon, der Nürnberger Mathematiker Johannes Werner, der u. A. eine von Regiomontanus unvollendete Uebersetzung der Geographie des Ptolemäus 1514 mit Anmerkungen und Zusätzen herausgab, in welchem Werke zum erstenmal der Vorschlag, geographische Längen durch Monddistanzen zu bestimmen, gemacht und zu ihrer Beobachtung der Jakobsstab empfohlen wurde, nennt es radius visorius oder observatorius und Apian bezeichnet es als baculus astronomicus und radius astronomicus. Unter diesem letzteren Namen, der unter den Astronomen der gebräuchliche geworden, hat es auch in nicht astronomischen Kreisen Aufnahme und Verbreitung gefunden. In des Oppenheimer Stadtschreibers Jakob Köbel: „Geometrey, vom künstlichen Messen. Mainz 1535." findet Dr. Breusing zuerst den Namen: Jakobsstab. „Schwerlich wird Köbel's Vorname dazu Veranlassung gegeben haben; sollte vielleicht darin eine Anspielung auf Genesis 32, 10 liegen, auf den atlantischen Ocean als Jordan, und die neue und die alte Welt als die beiden Heere? Daß die Spanier diesen Namen später gern gebrauchten, erklärt sich daraus, daß St. Jago ihr Nationalheiliger ist." Doppelmayr, der in s. hist. Nachr. von den Nürnberger Mathematicis S. 7 auch auf die, wie oben bemerkt, von Regiomontanns in Nürnberg zu Stande gebrachten Instrumente: Radios Hipparchicos oder Ptolemaicos, Regulas Ptolemaci, Armillas, Quadrata, Geometrica, Torqueta u. s. w. zu sprechen kommt, ist sogar der Meinung, daß die erste Gattung astronomischer Instrumente eine von den ältesten sei, deren Erfindung verschiedene Autoren dem Patriarchen Jacob (?) zu eignen, daher man es insgemein Baculum Jacobi nennt, welches man sonst, da es Hipparch und Ptolemäus zu ihren Beobachtungen verwendet haben sollen, auch Radium Hipparchium und Ptolemaicum, dann aber auch Instrumentum Trianguli und Rectangulum nennt.

„Obwohl von allen erwähnten Schriftstellern, bemerkt Dr. Breusing, Niemand des Regiomontanus als eigentlichen Erfinders gedenkt, so war derselbe als solcher doch nicht so vollständig vergessen, als dieß heutzutage der Fall ist; und es ist von besonderer Bedeutung für uns, daß sich gerade in Portugal sein Andenken erhalten hat. Nonius sagt in seinem Werke: De regulis et instrumentis (Conimbr. 1546.) Lib. II. Cap. 6, wo er den Gradstock beschreibt: Ejus fabricam atque usum tradidit Johannes de Monteregio in libro de Cometa. Daß der Gradstock nicht sofort allgemein Eingang gefunden und z. B. in Spanien noch um das Jahr 1550 unbekannt war, darf uns nicht Wunder nehmen, hat es doch mehr als 50 Jahre bedurft, ehe ein im Verhältniß ungleich vollkommeneres Instrument, als es der Gradstock im Vergleiche mit dem Astrolabium war, ehe der Hadley'sche Spiegeloctant den Gradstock und den Davisquadranten verdrängt hatte."

Kommen wir jetzt zum Schlußpunkt unserer Monographie. Wenn Regiomontanus durch den von ihm erfundenen Gradstock oder Jakobsstab, der während dreier Jahrhunderte nebst dem Compaß das wichtigste Werkzeug in den Händen der Seeleute gewesen ist, der Seeschifffahrt große Dienste erzeigt hat, so ist dieß in noch größerem Grade von den Ephemeriden des Regiomontanus zu sagen, die weder mit dem Astrolabium noch mit dem Jakobsstab etwas zu schaffen haben.

Aus dem Schiffsjournal des Columbus, von dem wir einen Auszug bei Navarrete T. I. p. 13 besitzen, dessen Berichte erst 1825 bis 1829 veröffentlicht worden, wissen wir mit Bestimmtheit, daß der Admiral die Ephemeriden des Regiomontanus am Bord gehabt; denn er sagt selbst, daß er vermittelst dieser Ephemeriden den Eingeborenen eine Mondfinsterniß vorausgesagt hätte. Diese Mondfinsterniß vom 29. Febr. 1504 (s. Buch) der Profecias des Columbus Bl. LXXVI, Testament des Diego Mendez, Navarrete T. I, p. 325, T. II. p. 272, Vita, cap. 103) hatte Columbus drei Tage zuvor den Indianern auf Jamaica vorhergesagt, um sie in Schrecken zu setzen und zu zwingen, neue Nahrungsmittel herbeizuschaffen. „Man braucht keineswegs anzunehmen, bemerkt Humboldt in s. krit. Unters. II, S. 223, daß die Vorhersagung der Finsterniß sich auf eine selbständige Berechnung des Columbus gründete; denn der Admiral hatte nämlich ohne Zweifel astronomische Ephemeriden am Bord und höchst wahrscheinlich die des Regiomontanus, welche die Jahre 1475—1506 umfassen. Diese Annahme erhält um so größere Wahrscheinlichkeit, wenn man bedenkt; daß Columbus in die Bestimmung der Längen durch Beobachtung der Mondfinsternisse ein völliges Vertrauen setzte und er sich schon in dem Tagebuche seiner ersten Reise vornahm, „die Conjunction des Jupiter und Mercur und die Opposition des Jupiter zu beobachten",

Erscheinungen, welche sonder Zweifel in den am Bord seines Schiffes befindlichen Ephemeriden angegeben waren. Der Freund des Columbus, Vespucci, sagt ausdrücklich in einem Briefe an Lorenzo di Pierfrancesco de Medici (Bandini p. 72), daß er sich während der Jahre 1499 und 1500 „des von Giovanni de Monteregio für den Meridian von Ferrara berechneten Almanachs" bedient hat."

Auch Oscar Peschel in seiner vortrefflichen „Geschichte des Zeitalters der Entdeckungen" sagt S. 118, daß Colon und Amerigo Vespucci auf ihren Seereisen die Ephemeriden des Regiomontanus mit sich geführt und daß die Mondfinsterniß am 14. September 1494 ihm (Columbus) einen westlichen Abstand der Insel Saona an der Südostspitze Haiti's von Cap San Vincente von $82°1'2$ (statt $59°\,40'$) und die Verfinsterung vom 29. Februar 1504, welche Columbus den Eingeborenen Jamaikas aus Regiomontan's Ephemeriden voraussagte, einen westlichen Abstand von Cadix für seinen Lagerplatz nahe an der Ostspitze Jamaica's von $108°3'$ gegeben hätte, während er nur $70°$ finden durfte (Navarrete Coleccion, tom. II, p. 272).

Ueber die große Bedeutung und Wichtigkeit der Ephemeriden können wir auf das zurückweisen, was wir S. 26 und 62 2c. bemerkt haben. In der That haben die mit dem allgemeinsten Beifall aufgenommenen Ephemeriden des Regiomontanus, die Columbus offenbar bei seinen Rechnungen zum Grunde legte,*) unzweifelhaft in der Epoche der großen nautischen Entdeckungen eine wichtige Rolle gespielt. Ohne sie würde die Schiffsrechnung ohne alle Kontrolle, nicht mehr als schwankende Vermuthung gewesen sein, ohne sie hätte die Gestalt und Lage der neuentdeckten Länder nicht so bald verzeichnet werden können.

Aus all' dem Gesagten geht hervor, daß Regiomontanus nicht nur als einer der eifrigsten Beförderer der griechischen Sprache und Literatur in Deutschland, ferner der Mathematik, der Algebra und Trigonometrie, der Mechanik, als erster deutscher Kalenderherausgeber, sondern auch als der Verbesserer des Astrolabiums in Bezug auf die stereographische Horizontalprojection, als Erfinder des Gradstockes oder Jakobsstabes und als Verfasser der weltberühmten Ephemeriden zu betrachten ist. Durch die Benutzung seiner astronomischen Instrumente und vornehmlich seiner Ephemeriden hat Regiomontanus die deutsche Astronomie mit der iberischen Nautik verbunden, die Küstenschifffahrt in eine Seeschifffahrt umzuwandeln ermöglicht und jenen berühmten Seefahrern: Columbus, Vespucci, Vasco de Gama, Magalhaens u. A. die Füglichkeit an die Hand gegeben, mit Sicherheit sich weiter in den Ocean hinauszuwagen und ihre weltgeschichtlichen Entdeckungen zu Stande zu bringen.

---

*) S. Humboldt, krit. Unters. I. S. 541

Wenn sich Deutschland an den großen geographischen Entdeckungen des 15. und 16. Jahrhunderts direct nicht betheiligt hat, so sind es doch deutsche Gelehrte gewesen, welche durch ihre Arbeiten in Werkstatt und Studirstube ihnen den wesentlichsten Vorschub geleistet haben. In so fern kommt auch unserem berühmten Landsmann Regiomontanus, eben so wie Martin Behaim, sicherlich das Verdienst zu, ein Vorläufer des Columbus und somit für die Entdeckung Amerika's von wesentlichem Nutzen gewesen zu sein. In dieser Beziehung haben, wie ich schon in einer früher erschienenen Schrift*) bemerkt, neben den Italienern, Spaniern, Portugiesen und Franzosen auch die Deutschen in Folge der natürlichen hohen Begabung des germanischen Geistes Theil an der Ehre auf die Entdeckung und Entwicklung Amerika's eben so bedeutend als wohlthätig eingewirkt zu haben.

Wie die Kolossalbüsten des Regiomontanus in der Walhalla bei Regensburg und in der Aula des Gymnasiums zu Coburg, die in Nürnberg von Burgschmiet i. J. 1832 in der dortigen Kreisgewerbschule aufgestellte Statue in Bronze und das in seinem Geburtsort Königsberg am 12. September 1871 enthüllte Standbild die Verdienste des berühmten Mannes verewigen und diese

---

*) Martin Behaim aus Nürnberg. Der geistige Entdecker Amerika's. Von Alexander Ziegler. Dresden 1859.

sichtbar vor unseren Augen als eine Erinnerung an die vergangene große Zeit hinstellen sollen, so möge auch diesen vorliegenden Untersuchungen vergönnt sein, einen neuen, frischen Lorbeerzweig zu dem blühenden Kranze deutscher Wissenschaft bescheiden beizufügen und zu einer immer größeren und gerechteren Anerkennung des Regiomontanus beizutragen, der mit Recht ein wahrhaft großer, deutscher Mann genannt werden kann.